Margarita Klein
Hartmut E. Höfele · Sabine Hirler

Sanfte Klänge für Babys und Kleinkinder

Hör- und Klangerlebnisse, spielerische Anregungen und hilfreiche Informationen für Eltern, Krippe und Kleinkindgruppen

Illustrationen: Simone Pahl

Ökotopia Verlag, Münster

Impressum

AutorInnen Margarita Klein, Hartmut Höfele, Sabine Hirler

Illustrationen Simone Pahl

Satz Hain-Team Bad Zwischenahn

Herausgeber BBS – Buchwerk Bernhard Schön, Idstein

ISBN 978-3-86702-124-1

1 2 3 4 5 6 7 8 9 10 • 16 15 14 13 12 11 10

Inhalt

Liebe Leserin, lieber Leser,

Sie haben Kindern Raum in Ihrem Leben gegeben. Vielleicht sind Sie noch schwanger, vielleicht leben Sie schon eine Weile mit einem oder mehreren Kindern zusammen, vielleicht haben Sie beruflich mit Babys, mit werdenden Eltern oder mit kleinen Kindern zu tun. Mit einem Baby zu leben, mit ihm gemeinsam zu wachsen, bedeutet auch, zusammen die Welt neu zu entdecken. Was gibt es da alles zu sehen, zu schmecken, zu fühlen, zu riechen und zu hören! Für ein Baby ist alles neu, und Sie können Altvertrautes vielleicht mit neuen Augen sehen, mit offenen Ohren neu hören.

Es schläft ein Lied in allen Dingen,
die da träumen fort und fort,
und die Welt hebt an zu singen,
triffst du nur das Zauberwort.
(Joseph von Eichendorff)

Wir möchten Sie dazu einladen, die Welt der Klänge, in der wir leben, bewusst zu erfahren, aufmerksam zu werden für das feinste unserer Sinnesorgane, das Ohr, und für die vielfältigen Möglichkeiten, Musik in Ihr Leben und das des Kindes zu bringen (*Kapitel 1*). Eltern und ErzieherInnen können dann die Freude am Hören und Tönen weitergeben, wenn sie die kleinen Übungen erproben und Spaß daran gewinnen, sich über ihre Stimme auszudrücken und mit den Kindern zusammen Hör- und Klangerlebnisse zu genießen.

Weil auch schon das ungeborene Kind gut hört und werdenden Eltern Musik oft besonders gut tut, wollen wir Ihnen schon für die Schwangerschaft, die Geburt und die ersten Monate danach einige Ideen geben: Musik und Töne zur Entspannung, für Fantasiereisen und Massage zur Vorbereitung auf die Geburt und als Hilfe in der turbulenten Zeit danach (*Kapitel 2*).

Für ein Baby ist der schönste Klang die menschliche Stimme. Warum das so ist und wie Babys mit Versen und Liedern unterhalten, getröstet und in den Schlaf gewiegt werden, erfahren Sie im *Kapitel 3*. Bald kommt die Zeit, in der das Baby seine eigene Stimme entdeckt. Es unterhält sich und seine Familie mit langen Lautketten. Lesen Sie etwas über den guten Ton im „Babygespräch“.
Gemeinsam Musik zu hören, miteinander zu singen und mit Instrumenten schöne Klänge entstehen zu lassen oder herrlichen Lärm zu produzieren, kann einer der besonders vergnüglichen Aspekte des Lebens mit Kindern sein *(Kapitel 4)*. Lassen Sie sich von unserem „Sanfte-Töne-Instrumentarium“ dazu anregen, ein kreatives Familienorchester zu bilden.
Einen Überblick zu den Erkenntnissen, die ErzieherInnen für ihre Arbeit in Kindergruppen und Krippe anwenden können, gibt Sabine Hirler in *Kapitel 5 und 6*. Dort finden Sie auch viele Informationen zum Einsatz von Musik im Alltag der Kinder.
Auf der *CD* gibt es, vom Profi angerichtet, ein buntes Angebot unterschiedlicher Kompositionen und im *Kapitel 7* des Buches einige Ideen, wie sie zu nutzen sind: zum Lauschen und Entspannen, als Begleitung für Fantasiereisen und Massagen, als spritzige Aufforderung zu Tanz und Bewegung.

Bei den Anregungen im Buch finden Sie kleine Symbole, die Ihnen auf einen Blick zeigen, wie und wo Sie unsere Vorschläge einsetzen können: mit dem Baby allein, mit mehreren Kindern in der Gruppe oder als Selbsterfahrung für Erwachsene.

Wir wünschen Ihnen viel Vergnügen beim Hören, Singen und Musizieren, beim Spielen, Entspannen und Träumen mit Musik.

Margarita Klein, die ihre Gedanken und Erfahrungen und viele Anregungen zum Umgang mit Klängen in Worte gefasst hat.
Sabine Hirler, die ihre Kenntnisse aus der Arbeit mit ErzieherInnen im Kleinkindbereich in Kapitel 5 und 6 weitergibt.
Hartmut Höfele, der mit seinen Freunden die Musik für Sie und die Kinder angerichtet hat.

Musik ist überall

Über die Harmonie der Welt

Die Welt, in der wir leben, der Kosmos, in dem sie sich bewegt, und auch unser eigener Körper befinden sich fortwährend in Schwingung. Das Pulsieren jeder einzelnen Zelle, von Herzschlag und Atmung, das Kommen und Gehen von Ebbe und Flut, der Gang der Gestirne: Unablässig finden kleine und große Bewegungen statt, ein Auf- und Abschwellen. Das Licht, das wir sehen, ist Schwingung, ebenso der Ton, den wir hören, und auch unsere Haut nimmt Schwingungen als Druckveränderungen wahr.

„Die Welt ist Klang", sagt Joachim-Ernst Berendt und weist an zahlreichen Beispielen nach, dass viele Erscheinungen unserer Welt in musikalischen Intervallen geordnet sind. Der Gang der Planeten, das Wachstum der Pflanzen, die Proportionen des menschlichen Körpers: Sie alle bilden gemeinsam die große Harmonie der Welt.

Der griechische Mathematiker Pythagoras setzte 500 Jahre vor unserer Zeitrechnung mit Hilfe eines Saiteninstrumentes, des „Monochords", Musik in Mathematik um. Er entdeckte, dass harmonische Längenverhältnisse der Saiten, zum Beispiel 1 : 2 oder 1 : 4, Klänge hervorbringen, die miteinander harmonisch klingen. Er ahnte schon, dass es Beziehungen zwischen den Umlaufbahnen der Planeten und Klangproportionen gibt, und sein Landsmann Platon stimmte ihm etwa 100 Jahre später zu: „Die Welt ist eine Tonleiter".

Der Astronom und Musiker Johannes Keppler entdeckte im 17. Jahrhundert, dass die Geschwindigkeit der Planeten in einem musikalischen Verhältnis zueinander stehen. „De harmonice mundi" („Über die Harmonie der Welt") nennt er sein wichtigstes Werk.

Unsere musikalischen Harmonien sind ein Abbild der Töne des Kosmos um uns herum. Speist man die Zahlenverhältnisse ihrer Umlaufbahn in einen Synthesizer ein, kann man Planeten hörbar machen: Den großartigen, orgelhaften Ton des Jupiter, das Dröhnen des Saturn, den Tanz der Venus und den Klang der Erde, dazwischen den Rhythmus der langsam laufenden Planeten wie Uranus und Neptun und die tiefe Trommel des Pluto.

Diese Proportionen des Kosmos finden wir auch auf der Erde wieder: in organischen Formen, in Blumen und Blättern, in der Form eines Fisches oder Käfers und im menschlichen Körper. Der „goldene Schnitt" – das als „schön" empfundene Verhältnis von Längen zueinander – klingt in Musikintervalle übersetzt harmonisch. Was dem Auge harmonisch erscheint, ist es auch für das Ohr, wenn man die Proportionen in Töne umsetzt.

Die Sterne lauter ganze Noten,
der Himmel die Partitur.
Der Mensch das Instrument.
(Christian Morgenstern)

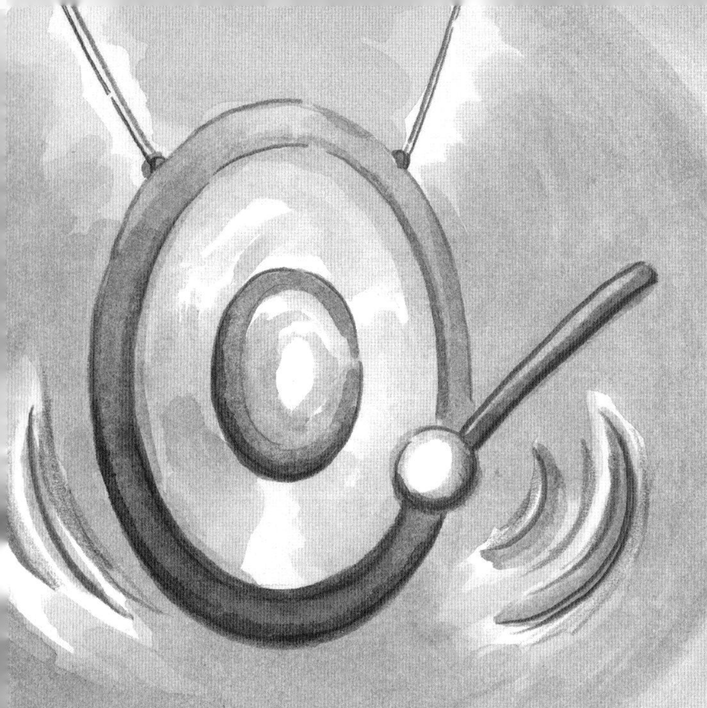

„Die Welt ist Klang" meint nicht nur, dass wir beständig von Schwingungen umgeben sind, sondern auch, dass wir selbst bis tief hinein in die Funktionen der einzelnen Zellen schwingen, dass wir Klang sind. Auch in kleinsten Strukturen, in Sauerstoff-, Stickstoff- und Phosphoratomen und in der DNS, dem Erbmaterial der Zellen, wurden in überwältigender Fülle harmonische Strukturen entdeckt.

Die Art und Weise, wie Musik entsteht, ist auch die Art und Weise der Entstehung der Welt. Die Tiefenstruktur der Musik ist identisch mit der Tiefenstruktur aller Dinge.
(George Leonhard

Viele Maler haben sich damit beschäftigt, Musik in Farben sichtbar zu machen. Kunstwerke wurden „Sinfonie in drei Sätzen" (Adolf Hölzel 1918), „Dreiklang" (Rudolf Benning 1919), „Warme Chromatik" (Franz Kupka 1911/1912), „Der gelbe Klang" (Kandinsky 1912) genannt (vgl. Maur 1985).

Farbe als Klangrausch, Farbrausch als Klang: Die Farbe ist für den russischen Komponisten und Philosophen Alexander Skrjabe (1872–1915) das „Bindemittel zwischen den Künsten".

Die unterschiedlichen Schwingungen von Tönen und Farben lassen sich auch zu verschiedenen Regionen des menschlichen Körpers in Beziehung setzen.

In der alten tantrischen Lehre werden jedem einzelnen Energiezentrum im Körper, Chakra genannt, eine Farbe und ein Ton zugeordnet. Die Töne steigen auf vom tiefen c im Becken bis zum h auf dem Scheitelpunkt des Kopfes, die Farben reichen vom tiefen Rot über Orange, Gelb, Grün, Blau bis zu dunklem Violett.

(Vgl. Sharamon/Bodo 1990).

Religionen haben rund um die Welt mit Musik ihrer Sicht der Welt Ausdruck verliehen. In Tempeln wurde zur Anrufung und zu Ehren vieler alter Gottheiten musiziert. Über Trommelklänge nimmt der Schamane auch heute noch Kontakt zur geistigen Welt auf. Im Alten Testament wird das „Hohelied Salomos" gesungen, und die christlichen Kirchen sind Orte der musikalischen Lobpreisung des Schöpfers und seiner Werke.

Schriftsteller haben zu allen Zeiten musikalische Bilder benutzt. So schreibt Michael Ende in „Momo":

„An manchen Abenden, wenn alle ihre Freunde nach Hause gegangen waren, saß sie noch lange allein in der großen steinernen Runde des alten Theaters, über dem sich der sternenfunkelnde Himmel wölbte, und lauschte einfach auf die große Stille.

Dann kam es ihr so vor, als säße sie inmitten einer großen Ohrmuschel, die in die Sternenwelt hinaus horchte, und da war ihr, als höre sie eine leise und doch gewaltige Musik, die ihr ganz seltsam zu Herzen ging“.

Auf die Harmonien der Welt um uns herum und in uns zu hören und zu lauschen, sich auf den Rhythmus des Lebens einzuschwingen, einzustimmen in den Klang der Welt, kann ein Weg sein zu größerer innerer Ruhe, zu Zufriedenheit und Lebensfreude.
Auch wenn wir über zwischenmenschliche Beziehungen reden, benutzen wir Worte aus der Musik. Eine Beziehung ist harmonisch, wir verstehen einander gut, wir sind auf derselben Wellenlänge. Der gemeinsame Tanz zur Eröffnung der Hochzeitsfeier bedeutet auch, sich im Tanz des Lebens miteinander einzuschwingen.
Von den Dong, einem Volk im Süden Chinas, das großen Wert auf Musik und Harmonie legt, wird die folgende Geschichte erzählt: Früher sangen die jungen Männern vor den Häusern ihrer Angebeteten, wie das in vielen anderen Kulturen auch üblich war. Bei den Dong ließen aber Eltern manchmal ein junges Paar über Monate immer wieder gemeinsam vorsingen, bevor sie das Gefühl hatten, dass ihre Stimmen – und damit sie selbst – auch wirklich harmonierten. Erst dann durften sie heiraten.

Anregung: Klangräume öffnen

Jeder Vokal hat seinen besonderen Klangraum im Körper. Diese Räume zum Klingen zu bringen erweitert und vertieft den Atem, verschafft Tönen und Gefühlen Ausdruck und ermöglicht neues, tiefes Einatmen. Wenn es Ihnen zunächst noch ungewohnt ist, Ihre Stimme erschallen zu lassen, beginnen Sie damit, während sie unter der Dusche stehen. Probieren Sie verschiedene Tonhöhen und Lautstärken aus, bis Sie die jeweils passende gefunden haben.

- *Setzen oder stellen Sie sich aufrecht hin. Ihre Schultern sind entspannt, im Stand sind Ihre Knie etwas weich. Nehmen Sie einige lockere Atemzüge und lächeln Sie sich selbst freundlich zu.*
- *Mit dem nächsten Ausatmen beginnen Sie „Aaaah“ zu singen.*
- *Öffnen Sie dabei beide Arme weit nach vorn, als ob Sie die Welt umarmen wollten.*
- *Halten Sie den Ton so lange, wie es Ihnen möglich ist, dann lassen Sie ihn verklingen und die Arme sinken.*
- *Ganz von allein füllen sich Ihre Lungen wieder mit Luft.*
- *Beim Ausatmen singen Sie wieder „Aaaaah“. Machen Sie das einige Male, dann spüren Sie dem Ton nach.*
- *Das A ist der offenste der Vokale. Er klingt vor allem im Brustraum und öffnet das Herz.*
- *Öffnen Sie dabei beide Arme weit nach vorn, als ob Sie etwas Großes in Empfang nehmen oder etwas hergeben wollten.*
- *Das E schafft Platz zwischen den Schulterblättern.*
- *Heben Sie während des Tons die Ellbogen leicht zu den Seiten an als ob unter Ihren Armen ein Luftkissen aufgepustet würde.*

- *Das I macht wach, schärft den Geist und aktiviert die Körperspannung.*
- *Machen Sie mit der Hand eine ziehende Bewegung von Ihrem Mund zum Himmel, die rechte und die linke Hand wechseln sich dabei ab.*
- *Das O erweitert und schützt den Bauchraum.*
- *Führen Sie Ihre Arme locker vor den Bauch, als ob Sie einen dicken Ball dort halten.*
- *Mit dem U nehmen Sie Kontakt zur Erde auf:*
- *Wenden Sie Ihre Handflächen dem Boden zu und schieben Sie sie leicht nach unten.*

Nehmen Sie sich noch ein wenig Zeit, um der Wirkung der einzelnen Vokale nachzuspüren. Welcher hat Ihnen besonders gut getan?

Hören und Horchen

Einander zu verstehen setzt das Hören, das Horchen voraus. Gut hören kann ich aber nur, wenn ich gleichzeitig schweige, ruhig bin und die Ohren öffne.

Alles erfahre ich,
indem ich schweige und höre.
(Chinesische Weisheit)

Die Welt, in der wir heute leben, ist laut. Sie ist voller Geräusche, vom Verkehrslärm angefangen bis hin zu der ständigen Dauerberieselung, die aus den Lautsprechern in Fußgängerzonen und Kaufhäusern quillt. Die dauernde Geräuschkulisse beeinflusst unseren Körper. Sie kann den Rhythmus des Herzschlags verändern, sie weckt Gefühle, regt das Gehirn an oder dämpft seine Aktivitäten. Dies zu wissen bedeutet auf der einen Seite: Wir können die Musik bewusster auswählen, mit der wir uns umgeben wollen. Da wir aber auf viele Geräuschquellen keinen Einfluss haben, hat dieses Wissen andererseits zur Folge, dass wir versuchen nicht hinzuhören, den Klangteppich um uns herum in den Hintergrund treten zu lassen. Wir haben uns abgewöhnt zu hören, zu horchen. Statt dessen wenden wir viel Energie dafür auf diese Geräusche auszublenden, sie nicht zu hören, uns gegen sie zu wehren.
Wie wäre es einmal bewusst zu lauschen, was um uns herum alles klingt?

Anregung: Die Ohren öffnen

Räkeln Sie sich einmal gründlich, räkeln Sie auch Ihr Gesicht. Ziehen Sie Grimassen, rümpfen Sie die Nase, runzeln Sie die Stirn, versuchen Sie, mit den Ohren zu wackeln. Dann reiben Sie kräftig mit der flachen Hand über die Ohren. Lassen Sie die Hände sinken, schließen Sie die Augen und öffnen Sie ihre Ohren weit. Nehmen Sie alle Geräusche um sich herum wahr, auch die leisesten und die entferntesten. Machen Sie sich bewusst, dass Sie Geräusche um sich herum hören. Lernen Sie den Klangteppich kennen, auf dem Sie sich im Alltag bewegen. Vielleicht werden Sie mit der Zeit neugierig auf immer feinere Schwingungen in den Klängen um Sie herum. Und nach einer Weile räkeln Sie sich gründlich, recken und strecken Sie sich, öffnen Sie die Augen.
Was haben Sie erfahren bei dieser Übung? Was haben Sie erlauscht in Ihrer Umwelt? Wie hat das Lauschen auf Ihren Körper gewirkt? Und auf Ihre Psyche? Sind Sie vielleicht ruhiger geworden, geht Ihr Atem jetzt tiefer und langsamer? Füh-

len Sie sich erfrischt? Wach vielleicht und neugierig darauf, mehr von der Welt zu hören? Und wenn Sie in der Kunst des Horchens schon etwas geübter sind, wenn Sie diese Übungen vielleicht regelmäßig gemacht haben, dann beginnen Sie doch einmal, auf andere Menschen zu horchen, ihnen zuzuhören, ihren Worten, aber auch den feinen Nuancen im Klang der Stimme. Zuhören-Können ist eine der wichtigsten Qualitäten, die Menschen für ein harmonisches Leben miteinander benötigen. Viele Streitigkeiten gipfeln darin, dass einer der Partner resigniert erklärt: „Du verstehst mich nicht!“ Zuhören geht immer dem Verstehen voraus.

„Was die kleine Momo konnte wie kein anderer, das war: Zuhören. Das ist doch nichts Besonderes, wird nun vielleicht mancher Leser sagen, zuhören kann doch jeder. Aber das ist ein Irrtum. Wirklich zuhören können nur ganz wenige Menschen. Und so wie Momo sich aufs Zuhören verstand, war es ganz und gar einmalig. Momo konnte so zuhören, dass dummen Leuten plötzlich sehr gescheite Gedanken kamen. Nicht etwa, weil sie etwas sagte oder fragte, was den anderen auf solche Gedanken brachte, nein, sie saß nur da und hörte einfach zu. Mit aller Aufmerksamkeit und aller Anteilnahme.“

(Michael Ende, Momo)

Die Kunst des Zuhörens, des Horchens ist erlernbar. Fangen Sie doch einfach heute damit an.

Das Ohr ist auch ein erotisches Organ. In der englischen und in der französischen Sprache finden wir Hinweise darauf. Das englische „to listen“ und das Wort „Lust“ haben einen gemeinsamen Ursprung. Im Französischen klingt im „entender“ das „tender“ für zärtlich mit an. Und wenn Ihnen jemand etwas Zärtliches ins Ohr flüstert: Bereiten Ihnen nicht die warmen Lippen, der heiße Atem ebenso wohlige Schauer wie der Sinn der Worte? Pflegen Sie Ihre Ohren, seien Sie nett zu Ihnen. Gefallen Ihnen Ihre Ohren eigentlich?

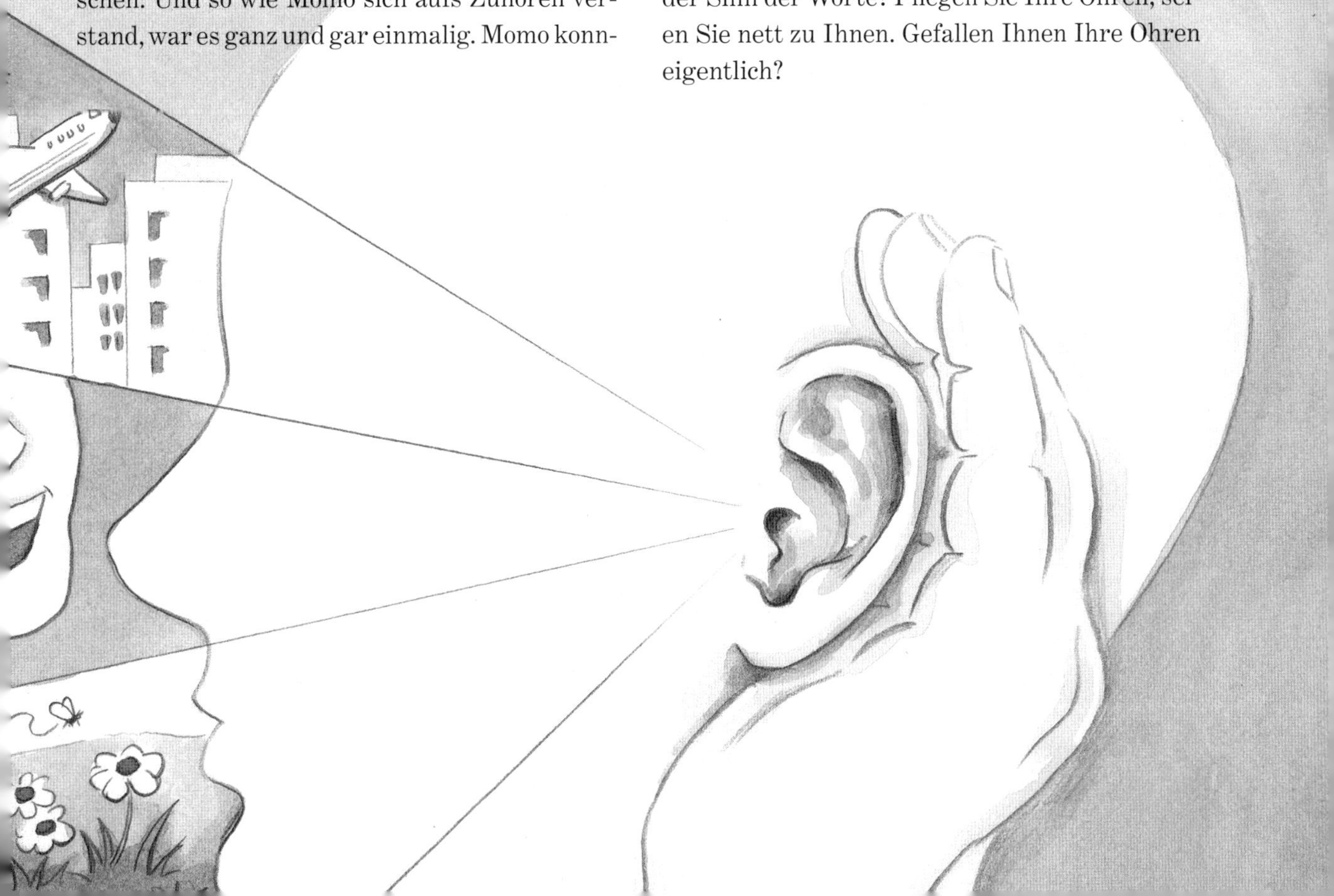

Unsere Ohren – das Tor zur Welt

Aber horch: Auf einmal klingt ein Lied!
Kinderstimmen singen durch die Nacht!
Und wir wissen es: Das Leben wacht!
Und wir fühlen es: Das Leben blüht!
(Hermann Claudius)

Unsere Ohren sind Sinnesorgane, die Präzisionsarbeit leisten. Sie hören das „ganze bunte Leben" in feinsten Nuancen.

Der Hörsinn verarbeitet Geräusche, die von einer Schallquelle ausgehen und die Luft zum Schwingen bringen. Die Anzahl der Schwingungen pro Sekunde ergibt die Höhe der Töne. Die Einheit für eine Schwingung pro Sekunde lautet 1 Hertz oder 1 Hz. Das menschliche Ohr kann in der Regel Frequenzen von 16–18000 Hz wahrnehmen. Am besten hören unsere Ohren bei Frequenzen zwischen 2000 und 5000 Hz. Viele Tiere haben jedoch ein noch weitaus höher entwickeltes Gehörsystem. Delphine, Hunde und Fledermäuse gehören zu den „Hochleistungshörern" der Tierwelt.

Die Lautstärke eines Geräusches wird in „Phon" gemessen. Wenn wir miteinander flüstern, beträgt die Lautstärke unserer Stimme ungefähr 25 bis 40 Phon. Eine Unterhaltung bewegt sich beim Sprechen zwischen 55 und 70 Phon. Ab 120 Phon empfinden wir eine Lautstärke als Schmerz.

Unsere Ohren sind hochsensible Organe, die zwischen tiefen und hohen, lauten und leisen Signalen feinste Unterschiede erkennen können. Von allen Sinnesorganen des menschlichen Körpers ist das Ohr in der Lage, die feinste Unterscheidung zwischen zwei unterschiedlichen Reizungen zu machen. Das Auge lässt sich leichter täuschen als das Ohr.

Die Ohren nehmen über die Ohrmuscheln zuerst einmal die Geräusche als Schallwellen auf. Das Trommelfell wird in feinste Schwingungen versetzt. Im Innenohr werden diese Signale in elektrische Nervensignale umgewandelt. Diese werden dann an das Gehirn weitergeleitet. Jedes Geräusch führt also zu einem Energieimpuls an das Gehirn.

Das Ohr ist das erste Sinnesorgan, welches im Mutterleib zu voller Größe ausgebildet ist. Bereits im Alter von 4½ Monaten ist unser inneres Ohr zur vollen Größe herangewachsen. Es hat seine Tätigkeit aufgenommen und wird die erste Erfahrungsbrücke des Föten zur Außenwelt. Die durch den Mutterleib gefilterten Schallwellen verwandelt das Ohr in bioelektromagnetische Signale, welche es dann weiter an die Großhirnrinde leitet. Das Ohr versorgt das Gehirn also schon im Mutterleib mit bioelektromagnetischer Energie und mit Ordnungen von Impulsfolgen. Dadurch wird die Reifung des Gehirns maßgeblich gesteuert. Das, was wir schon mit den allerersten Hörzellen aufnehmen, regt das Gehirn zu Wachstum und Ordnungsbildung an.

Das Auge ist der Spiegel der Seele,
das Ohr ist das Tor zur Seele.
(Indisches Sprichwort)

Das, was wir hören, hat Einfluss auf unsere Art zu denken und zu fühlen. Der französische HNO-Arzt Alfred Tomatis hat dazu interessante Überlegungen angestellt: Die erste Sinneszelle, die funktioniert, ist eine Zelle im Innenohr. Ihre Wahrnehmung, das was sie hört, nennt Tomatis den „Klang des Lebens". Die Erfahrungen dieses Klangs – ein inneres Rauschen, eine summende Stille – rege diese Zelle dazu an, sich weiter zu entwickeln. Immer mehr Nervenfasern werden ausgebildet, das Gehirn wächst. Tomatis sagt, dieser Klang des Lebens, diese erste Wahrnehmung einer Sinneszelle, müsse ein angenehmes Ereignis sein. Der Wunsch, wenn man so sagen kann, der Zelle zu wachsen, des Organismus sich weiterzuentwickeln, entspringt aus dieser Erfahrung. Die Zelle erfährt eine Lust am Leben, die den Ursprung aller weiteren Entwicklung des Menschen ausmacht. Anders ausgedrückt: Das Kind entwickelt sich, weil es mehr von der Welt hören möchte (vgl. Tomatis 1987).

Anregung: Der Klang des Lebens

Und wieder lade ich Sie zu einer kleinen Übung ein.
Räkeln Sie sich ein wenig, setzen Sie sich aufrecht hin, reiben Sie Ihre Hände fest gegeneinander, bis sie warm werden.
Dann legen Sie die Hände so über ihre Ohren, dass die Handflächen eine kleine Wölbung über den Ohrmuscheln bilden. Lauschen Sie auf den Klang in Ihren Ohrmuscheln.

Das, was Sie hören, ist der Klang Ihres Innenraumes. Das Rauschen des Blutes, das Klopfen des Herzens, der Atem. Vielleicht war so oder so ähnlich Ihr allererstes Hörerlebnis, als Sie noch im Bauch Ihrer Mutter waren.

Haben Sie einmal beobachtet, wie aufmerksam und wie fasziniert ein kleines Kind sich eine Muschel ans Ohr hält und dem Rauschen lauscht. Ob es sich vielleicht erinnert? Besorgen Sie ein, besser noch mehrere Muscheln und schenken Sie den Kindern in der Gruppe dieses Hörerlebnis.

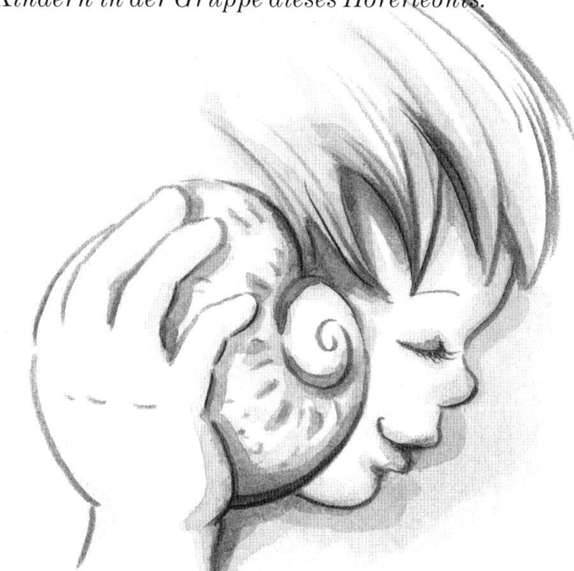

Raum und Zeit erobern

Die akustische Wahrnehmung hilft, dass wir uns in der Welt orientieren können. Wir finden heraus, wie weit weg oder wie nah eine Geräuschquelle ist und aus welcher Richtung der Ton kommt. Auch über die Größe eines Raumes erfahren wir etwas mit Hilfe des Hörsinns.
Ein erfahrener Hörtherapeut erzählte, dass Kinder, wenn sie eine Turnhalle betreten, zu rufen und zu schreien beginnen, um an dem zurückkommenden Schall die Grenzen des Raumes zu erkennen. Ob das Singen im dunklen Wald eine ähnliche Funktion hat?

Über die Ohren finden wir uns in der Welt zurecht. Dabei ist ebenso wichtig wie das Hören ihre Funktion als Gleichgewichtssinn. Dieser Sinn gibt uns Auskunft darüber, wie wir im Raum sitzen, stehen oder liegen und sorgt dafür, dass wir uns blitzschnell ausbalancieren, wenn wir unsere Lage verändern. Drei Bogengänge im Innenohr, in verschiedene Richtungen gewunden, nehmen Bewegungen nach oben und unten, nach vorn und hinten und nach links und rechts wahr. Winzige Flimmerhärchen, von Flüssigkeit umhüllt, melden uns zudem Beschleunigung oder Verlangsamung einer Bewegung.

Das Zusammenspiel von Hörsinn und Gleichgewichtssinn, unterstützt vom Sehsinn, Tastsinn und der Wahrnehmung der eigenen Bewegung ermöglicht es dem Kind sich nach und nach immer sicherer in der Welt zu bewegen.

Gutes für die Ohren

Wir haben uns in diesem Kapitel mit dem Klang der Welt, mit dem Klang des Lebens, mit dem Hören und dem Lauschen, mit Gleichgewicht und Orientierung beschäftigt. Unsere Ohren werden es uns danken, wenn wir ihnen einmal ein wenig freundliche Aufmerksamkeit schenken. Die chinesische Medizin kennt einige wirkungsvolle Übungen, die das Hörvermögen stärken und die Gesundheit der Ohren erhalten.

Anregung: Das Schlagen himmlischer Pauken

Setzen Sie sich aufrecht hin und drücken Sie die rechte Handfläche auf das rechte Ohr und die linke Handfläche auf das linke Ohr, wobei die ausgestreckten Finger auf dem Hinterkopf zum Liegen kommen.
Dann pressen Sie gleichzeitig rechts und links den Zeigefinger auf den Mittelfinger.
Lassen Sie mit einem kleinen Schnipser die Zeigefinger abrutschen und auf den Schädelknochen schnippen. Der Finger erzeugt die dröhnenden Laute einer Trommel.
Machen Sie das 10 × gleichzeitig auf beiden Seiten.
Dann 10 × nur auf der rechten Seite und 10 × nur auf der linken Seite.

Anregung: Anklopfen

Legen Sie die rechte Hand auf das linke Ohr. Klopfen Sie mit Zeige,- Mittel- und Ringfinger der linken Hand auf den rechten Handrücken, so dass das innere Ohr vibriert.
Machen Sie das einige Male auf jeder Seite.

Anregung: Das Umrühren des Meeres

Beschreiben Sie bei geschlossenem Mund mit der Zunge auf ihrem äußeren Zahnfleisch kleine Kreise, von rechts nach links und von links nach rechts und oben und unten. Dann reiben Sie die Zunge am Gaumen. Es entsteht reichlicher Speichelfluss.
Diese Übung ist eine Reinigungsmethode. Sie ist geeignet zur Vorbeugung von Entzündungen der Mundhöhle bzw. des Rachens und hilft bei allen Entzündungen.
Wenn die Zunge hin und her bewegt wird, werden Energiepunkte im Mund, die im Zusammenhang mit Hals, Nase und Ohren stehen, angeregt, und das fördert die Abwehr von Krankheitserregern. Die Bewegung des Zungenmuskels bringt zudem noch viele andere verspannte Muskeln im Kiefer und Gaumen und im Ohrenbereich in Bewegung.

Die Ohrtrompete, eine Verbindung zwischen Mittelohr und Rachen, öffnet sich beim Schlucken, Sekret kann abfließen, das Trommelfell frei schwingen. Auch das regelmäßige Kauen von Kaugummi hat diese Wirkung. Finnische Wissenschaftler fanden heraus, dass dadurch die Häufigkeit von Mittelohrentzündungen um 40 Prozent gesenkt werden kann!

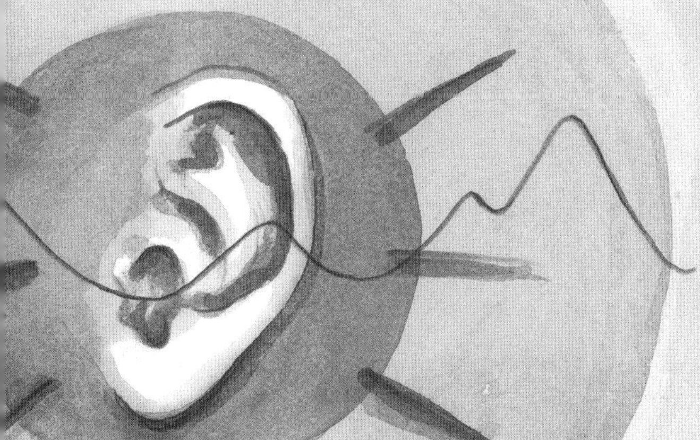

Wenn Sie Ihre Ohren auf diese Art gepflegt haben, dann machen Sie doch einmal einen Hör-Spaziergang. Oder öffnen Sie einfach das Fenster. Für eine kleine Weile – und das können Sie auch mit Ihrem Kind gemeinsam machen – lauschen Sie ganz bewusst auf die Geräusche um Sie herum: das Summen der Heizung, Bewegungen der Nachbarn, eine Wasserspülung, das Klappern eines Fensters im Wind …
Und die Geräusche draußen: vorbeirauschender Verkehr, das Pfeifen des Windes. In welchem Baum klingt der Wind wie genau? Das Zwitschern der Vögel. Jetzt, in diesem Moment, wo ich diese Zeilen schreibe, fällt draußen Schnee von den Bäumen. Wenn ich still bin und lausche, kann ich das sanfte „Plop" hören, mit dem der Schnee unten ankommt. Oder wenn es das nächste Mal regnet: Lauschen Sie dem Auf- und Abschwellen des Regens. Und wenn das Kind schon alt genug ist: Lauschen Sie gemeinsam. Machen Sie Ihr Kind neugierig auf all diese Geräusche um uns herum. Auch so lernt es die Welt, in der es

lebt, immer wieder ein wenig mehr kennen. Lauschen, horchen bringt Freude. Haben Sie gewusst, dass es um das Haus herum so viele verschiedene Vögel gibt? War Ihnen schon vorher klar, dass Ihre Wohnung wie ein atmendes Lebewesen Geräusche macht? Und dass es zwischen den vorbeifahrenden Autos Pausen gibt, Stille?

Schweigt der Menschen laute Lust,
rauscht die Erde wie in Träumen
wunderbar mit allen Bäumen.
(Joseph von Eichendorff)

Anregung: Die Stille hören

Auch das ist eine schöne Übung: die Stille zwischen den Geräuschen wahrzunehmen. Alle Welt beklagt sich über die ständige Lärmkulisse um uns herum. Versuchen Sie doch einmal, die Stille zwischen den Geräuschen zu hören.

Das können Sie auch gut mit einer Gruppe Kinder im Krippenalter ausprobieren, die schon ein wenig Hör-Übung hat. Lenken Sie vorher die Aufmerksamkeit auf die vielen Geräusche, bitten Sie dann darum, tief durchzuatmen und zunächst einen Augenblick die Stille zu erlauschen. Ob es die Kinder auch ein wenig länger schaffen?

Ein Kind lauschen zu lehren, heißt auch, dass es lernt, sich achtsam in seiner Umwelt zu bewegen, seine Umwelt auch akustisch ein wenig besser kennen zu lernen. Und es entwickelt Achtsamkeit gegenüber der Welt und gegenüber sich selbst. Es lernt zu unterscheiden zwischen Geräuschen, die es mag, und solchen, die es nicht mag. Und es entdeckt die kleinen Freuden, die das Horchen auf angenehme Geräusche mit sich bringen.

Einflüsse von Musik auf Körper und Seele

Musik hat einen starken Einfluss auf Körper und Seele. Sie kann uns zu Tränen rühren, kann uns freudig, energisch, sanft oder angriffslustig stimmen. Musik hat messbaren Einfluss auf den Rhythmus des Herzschlags, die Atmung, die Gehirnaktivitäten und die Produktion von Hormonen. Körper und Seele reagieren gleichermaßen auf Musik.

Wo wir etwas fänden, das wie Musik ist,
da müssen wir bleiben; es gibt im Leben
gar nichts anderes zu Erstrebendes
als das Gefühl des Mitschwingens
und des rhythmischen Lebens,
der harmonischen Berechtigung
zum Dasein.
(Hermann Hesse)

Musik wirkt auf jeden Menschen anders. Und sie kann auch in unterschiedlichen Situationen verschiedene Reaktionen hervorrufen. Wenn also die Musik, die von anderen als beruhigend beschrieben wird, Ihr Nervenkostüm eher reizt: Vertrauen Sie Ihrem Gefühl! Jeder Mensch hört Musik auf eine andere Art, erlebt andere Gefühle, reagiert unterschiedlich auf verschiedene Reize. Jeder ist auf seine Art musikalisch.
Was eigentlich beeinflusst uns an der Musik?
Der Musiktherapeut und Improvisationsmusiker Fritz Hegi betrachtet die Wirkung einzelner Elemente der Musik. Rhythmus, Klang und Melodie eines Musikstücks sprechen jeweils verschiedene Bereiche des Empfindens von Musikern und Zuhörern an.
Rhythmus ist ein jedem Lebensprozess innewohnendes Phänomen: Herzschlag und Atmung sind die für uns offensichtlichsten Erscheinungen von Rhythmus. Aber auch jede unserer Zellen arbeitet rhythmisch, Stoffwechsel und die Funktion der inneren Drüsen sind rhythmisch. Wir leben im Wechsel von Tag und Nacht, von Sommer und Winter. Das ungeborene Kind erfährt den Takt des mütterlichen Körpers als ersten Sinnesreiz.
Rhythmus bestimmt sich durch den Wechsel von Da-Sein und Weg-Sein, von Tun und Nicht-Tun, übertragen ausgedrückt: in Geburt und Tod. Er ist ein Phänomen, das sich in messbarer Zeit abspielt. Einen Lebensrhythmus zu finden, der wohl tut, ist der sicherste Garant für Gesundheit und Wohlbefinden. Wenn der Alltag uns dagegen einen Rhythmus aufzwingt, der nicht zu uns passt, empfinden wir das als Belastung. Ebenso kann Musik Stress und Abwehr auslösen oder aber Wohlbefinden verbreiten, wenn sie den Rhythmus unseres Körpers aufnimmt.

Musik ist die Vermittlung des geistigen Lebens mit dem sinnlichen. (Bettina von Arnim)

Der Klang ist die Schwingung eines Tones, einer Stimme, aber auch einer Farbe. Die Klangfarbe drückt Gefühle aus. Etwas klingt gut, das heißt es ist harmonisch. Harmonisch sind auch Beziehungen, im Einklang miteinander lebt es sich gut. Wenn wir sprechen, vermitteln wir über den Klang der Stimme nicht nur den Inhalt der Worte, sondern immer auch Gefühle. Stimmen Inhalt und Klang nicht überein, werden wir hellhörig, sind irritiert von unserem Gegenüber. Feinste Nuancen der Stimmungsveränderungen drücken sich im Klang unserer Stimme aus. Stimmung äußert sich durch die Stimme und die Stimme beeinflusst die Stimmung des Zuhörers und des Sprechers.
Je kleiner ein Kind ist, desto intensiver hört es den Klang der Stimme und nimmt damit die Gefühle der Eltern wahr. Der Klang der Stimme und der gleichmäßige Rhythmus von Versen und Liedern beruhigen ein kleines Kind, auch wenn der Text Nonsens ist.
Der volle, laute Klang der eigenen Stimme bei der Geburt hilft der Gebärenden, die Macht ihrer unglaublichen Gefühle auszudrücken. Gleichzeitig hört sie sich selbst, und die Kraft ihres eigenen Tons stimuliert ihre Energie.

Melodie setzt sich zusammen aus Klang und Rhythmus, die in bestimmter Weise aneinander gereiht, oft auch wiederholt werden. Sie drückt eine Meinung aus, sie fragt, sie zweifelt, sie behauptet energisch, sie gibt Befehle, sie fordert auf zur Bewegung oder Ruhe, sie erzählt Geschichten. Melodie ist ein gestaltetes Ganzes mit Anfang und Ende. Sie kann wiedererkannt und wiederholt werden. Damit bekommt sie etwas Verlässliches. Kleine Kinder genießen das. Sie lieben es, Melodien „noch mal“ zu hören. Sie erkennen Lieder, die sie schon in der Schwangerschaft wieder und wieder gehört haben, und sie reagieren mit großem Behagen darauf. Wenn Sie selbst ein Lieblingslied haben (manchmal ist es eines aus der eigenen Kindheit), singen Sie es Ihrem Baby schon so früh wie möglich und immer wieder vor: Der Klang Ihrer Stimme und die vertraute Melodie können ihm (und Ihnen) nach der Geburt sehr helfen, Sicherheit und Ruhe zu bewahren bei dem aufregenden Prozess des Übergangs in das neue Leben. Erzählen Sie auch der Erzieherin, welches Lied Ihr Kind besonders mag und welche Melodie es entspannt und beruhigt.

Klang, Rhythmus und Melodie einer Musik sprechen zu Körper und Seele. Wie antworten Sie darauf?

Anregung: Die Antwort spüren

Dies ist eine kleine Übung zur Achtsamkeit im täglichen Leben.

Wann immer Sie Musik hören, sei es im Supermarkt, im Autoradio, als Filmmusik oder im Konzertsaal:

- *Wenden Sie Ihre Aufmerksamkeit für einen Moment nach innen.*
- *Nehmen Sie bewusst wahr, wie diese Musik auf Sie wirkt:*
- *Verändert sie den Fluss Ihrer Bewegungen?*
- *Geht Ihr Atem schneller oder langsamer?*
- *Passt der Rhythmus zu Ihnen oder stört er Sie eher?*
- *Ist der Klang angenehm? Lädt er Sie ein, weiter zu lauschen oder möchten Sie lieber die Ohren verschließen?*
- *Was erzählt Ihnen die Melodie? Wozu fordert sie Sie auf?*
- *Möchten Sie diese Musik jetzt wirklich hören?*
- *Oder möchten Sie – wenn Sie Einfluss darauf haben, zum Beispiel beim eigenen Radio – lieber abschalten, vielleicht sogar selber singen?*

Mit Musik in die Welt

Was hört das Ungeborene?

Die ersten Sinne, die das Ungeborene entwickelt, sind das Gehör und der Tastsinn. Schon sieben bis acht Tage nach der Befruchtung entsteht die erste Hörzelle, nach ihrem Entdecker Corti-Zelle genannt. Nach 4 ½ Monaten, also gerade einmal nach der Hälfte der Schwangerschaft, ist das Innenohr schon voll ausgebildet. Ein Sinnesorgan bildet sich umso schneller und feiner aus, je mehr Reize es bekommt.

Was ist das, was dieses winzig kleine Wesen im Leib seiner Mutter hört? Wie hört es, und woran erinnert es sich später? Es scheint ihm zu gefallen, was es hört, so dass es immer mehr davon haben will, sein Gehör immer besser ausbildet, um noch mehr, noch feiner zu hören. Und es „hört" nicht nur mit den Ohren. Auch die Haut nimmt Geräusche als Druckveränderungen wahr. Rhythmus wird gleichermaßen mit den Ohren gehört wie mit der Haut gefühlt.

Und so fließt im unterirdischen Dunkeln
ewig fort der heil'ge Strom, es funkeln
aus der Tiefe manchmal seine Töne;
wer sie hört, spürt ein Geheimnis walten,
sieht es fliehen, wünscht es festzuhalten,
brennt vor Heimweh.
Denn er ahnt das Schöne.
(Hermann Hesse, Das Glasperlenspiel)

Das können Sie mit einer kleinen Übung nachvollziehen.

Anregung: Der Körper als Ohr ⊙

Wählen Sie ein nicht zu schnelles Musikstück aus, zum Beispiel die Nr. 11 oder Nr. 12 auf der CD. Geeignet ist auch klassische Musik, zum Beispiel von Wolfgang Amadeus Mozart das Konzert für Flöte und Orchester in D-Dur, Köchelverzeichnis 313, oder auch eine Meditationsmusik. Oder auch jedes andere Musikstück, das Ihnen wirklich gut gefällt, das nicht zu schnell ist und keine starken Schwankungen in der Lautstärke hat.

- *Legen Sie sich bequem hin, Arme und Beine sind ganz gelöst.*
- *Lächeln Sie sich selbst freundlich zu und stellen Sie sich vor, Ihr ganzer Körper sei ein großes Ohr.*
- *Es nimmt die Klänge um Sie herum auf, Sie sind ganz eingehüllt in diese Töne, in diese*

Rhythmen, die Melodie. Sie sind durchströmt von Musik.

- *Sie öffnen jede Pore und lassen die Klänge hineinfließen, bis Sie selbst Musik sind.*
- *Wenn die Musik verklingt, lassen Sie sie in sich nachschwingen, spüren Sie das Schwingen und Strömen.*

Das Ungeborene hört und fühlt Klänge. Wie ist seine Geräuschumgebung beschaffen? Da ist vor allem das mächtige Rauschen des Blutstroms, dunkel, gewaltig auf- und abschwellend, laut. Ob Hermann Hesse an diese frühesten Erfahrungen angeknüpft hat, als er die oben zitierten Zeilen im „Glasperlenspiel“ schrieb? Ob sich Babys daran erinnern, wenn sie das Brausen eines Föns, das Gerumpel der Waschmaschine oder das Motorengeräusch im Auto so angenehm finden, dass sie sich dabei beruhigen und einschlafen?

Dann ist da das dumpfe Schlagen des Herzens, stetig, verlässlich. Rhythmus ist ein immer wiederkehrendes Ereignis, ist geschlossene Zeit, Zeit, die wieder zu ihrem Ursprung zurückgeht, neu beginnt. Das Kind erfährt Sicherheit, entwickelt Vertrauen. Etwas kommt und geht und kommt wieder, von Anbeginn aller Zeiten bis zu ihrem Ende.

Als junge Hebamme sah ich erfahrene türkische Mütter, wie sie sich ihre Babys über die Schulter legten, ihnen rhythmisch und recht heftig auf den Po klopften. Es sah für mich sehr ungewohnt aus, aber es wirkte. Und seitdem habe ich dieses beständige, gleichmäßige Klopfen oft angewandt, um aufgeregte Kinder zu beruhigen.

Diese regelmäßige Bewegung des fast stoischen Klopfens macht auch die Mutter ruhiger. Wenn Menschen ein Baby auf den Arm nehmen, halten sie es oft auf ihrer linken Körperseite. Sie halten es instinktiv in die Nähe ihres Herzens, weil das

Baby sich mit diesem Geräusch und der Vibration leichter beruhigt. Auch die Schlaflieder auf unserer CD werden mit Herzschlag-Rhythmen eingeleitet. ◉

Außer dem Blutstrom und dem Herzschlag hört das Kind das Gurgeln, Gluckern, Pfeifen und Rumpeln des Darms. All diese Innengeräusche sind dunkel und recht laut. Sie bilden einen Klangteppich, in dem andere, ebenso dunkle Töne untergehen. Geräusche von außerhalb werden verschluckt, wenn sie tief sind. Helle dagegen werden eher wahrgenommen. Die Bauchdecke der Mutter und die immerhin ca. 2 cm dicke Wand der Gebärmutter dämpfen Außengeräusche zusätzlich. Dennoch hört das Ungeborene Geräusche von außen. Durch die Schwingungen, in die die Bauchdecke versetzt wird, und die sich nach innen übertragen; und dadurch, dass die Mutter hört und über ihr Trommelfell die Geräusche nach innen über die Knochenleitung übertragen werden. Knochen sind recht luftige Gebilde, und über sie setzt sich Klang nach innen fort. Über den Schädel der Mutter wandert die Schwingung

die Wirbelsäule entlang nach unten und wird verstärkt von den großen Knochen des Beckens.
Alfred Tomatis bemerkte auf einem Vortrag in Hamburg leicht scherzhaft: „Das Kind dreht sich gegen Ende der Schwangerschaft mit dem Kopf nach unten, weil es, von den Beckenknochen umgeben, mehr hört. Im Becken klingt es wie in einer Kathedrale. Und das hört das Baby gern."
Auf diese Weise hört es gefilterte Außengeräusche. Gleichzeitig spürt es die erfreute oder weniger erfreute oder auch neutrale Reaktion der Mutter. Wenn also zum Beispiel der Vater mit der Mutter spricht, bekommt das Kind gleichzeitig zwei Informationen: Die Stimme des Vaters und die gefühlsmäßige Reaktion der Mutter darauf.
Dasselbe gilt für das Hören von Musik. Musik wirkt beruhigend, entspannend, wohltuend auf den Fötus und später auf das Kind, wenn die Mutter diese Musik als beruhigend, entspannend, wohltuend empfindet.
Musik wirkt auf jeden Menschen anders. Und die Vorlieben der Mutter prägen auf diese Weise zunächst auch die Vorlieben des Kindes. Später wird es seinen eigenen Geschmack entwickeln.

Françoise Dolto (1989) erzählt eine interessante Geschichte, die sie von Roma und Sinti in Südfrankreich gehört hat:
Wenn ein alter Musiker spürt, dass sein Tod naht, wählt er in Absprache mit der Familie eine Frau aus, die schwanger ist. Während der letzten sechs Wochen dieser Schwangerschaft besucht er diese Frau täglich und spielt für ihr ungeborenes Kind seine schönsten und besten Musikstücke. Diese Besuche setzt er auch nach der Geburt fort. So sorgt er für Musikernachwuchs.

Das Kind hört über die Knochenleitung vor allem die Stimme der Mutter. Ihre Melodie, ihr Sprechrhythmus prägen sich ihm tief ein. Mit der Stimme der Mutter verknüpft sich für das Baby ein bestimmtes Klangerlebnis und gleichzeitig die Erfahrung von absolutem Wohlbehagen. Die Geborgenheit der Gebärmutter verbindet sich auch immer mit dem Klang dieser Stimme. Und später, für das Baby, für das Kind, ist die Stimme der Mutter der schönste Klang der Welt. So rettet es ein Stück des paradiesischen Zustandes in der Gebärmutter hinüber in sein Leben außerhalb. Das Baby bildet diese Geräusche nach: Wenn man aufmerksam auf das Schreien von Babys hört, erkennt man auch Modulationen der mütterlichen Stimme wieder.
Der Klang der mütterlichen Stimme wird zum Beispiel von Therapeuten nach Alfred Tomatis benutzt, um verstörten Kindern mit Bewegungs- oder Lernproblemen zu helfen, auch um behinderte Kinder in ihrer Entwicklung zu unterstützen. Die Erfahrungen von Glück und Sicherheit, die das Kind verknüpft mit diesem Gehaltenwerden im Uterus und mit dem Klangerlebnis der mütterlichen Stimme, sind der Ursprung späterer Sehnsüchte und Erwartungen. Berührt und gehalten zu werden, eingehüllt in Töne, in ange-

nehme Klänge, bedeutet für viele Menschen eine Quelle von Erholung, von Entspannung, von Wohlbefinden und kann heilsam wirken.

Neugeborene erkennen die Stimme ihrer Mutter und hören sie gerne. Das erlebe ich auch ständig bei Wochenbettbesuchen: Ich spreche mit dem Baby, und es scheint mir eher höflich zuzuhören. Wenn es dann aber die Stimme der Mutter hört, kommt Bewegung in das Kind: Es dreht den Kopf, sucht die Sprecherin, der ganze Körper drückt eine freudige Spannung aus. Ich als fremde Person bin sofort uninteressant für das Baby, es richtet seine volle Aufmerksamkeit auf die Quelle seines Behagens.

Anregung: Feierabend-Gedichte

Falls Sie nicht gern singen: Lesen Sie Ihrem ungeborenen Kind regelmäßig Gedichte vor. So können Sie sich selbst und Ihrem Kind entspannte und vergnügliche Ruhepausen verschaffen. Es gibt herrliche Gedichte: angefangen von Klassikern wie Goethe, Schiller und Heine über Morgenstern, Lasker-Schüler zu Erich Kästner und Mascha Kaleko. Wählen Sie danach aus, ob die Verse rhythmisch sind und die Inhalte Ihnen Freude bereiten.

Lassen Sie sich überraschen, wie Ihr Kind nach seiner Geburt reagiert, wenn Sie ihm die Texte noch einmal zu Gehör bringen.

Musik und Stimme rund um die Geburt

Wir wissen um das gute Hörvermögen des Ungeborenen und um seine Fähigkeit, sich Klangerlebnisse zu merken. Die Erkenntnis, dass diese Klangerlebnisse verknüpft sind mit dem paradiesischen Zustand in der Gebärmutter, eröffnet vielerlei Möglichkeiten, Musik und Stimme gleichermaßen in der Schwangerschaft, bei der Geburt und in den ersten Wochen danach einzusetzen. Das erleichtert dem Baby und der Mutter den Übergang in das neue Leben, und es hilft der Familie, schneller zueinander zu finden.

Entspannung

Sich entspannen zu können, den Dingen gelassen ihren natürlichen Lauf zu lassen, sich der Kraft des eigenen Körpers anzuvertrauen: Dies zu erlernen, ist ein wesentlicher Teil der Vorbereitung auf die Geburt und hilft, in den anfangs manchmal erschöpfenden Zeiten im Elternleben immer wieder neue Kraft zu sammeln. Musik kann Sie dabei unterstützen.

Anregung: Kurz-Entspannung einüben

- *Schaffen Sie sich eine kurze tägliche Zeitnische und wählen Sie einen angenehmen Ort: Ihr Bett, einen bequemen Sessel, das Sofa.*
- *Spielen Sie eine für Sie angenehme Musik von etwa 15 Minuten Dauer.*
- *Sitzen oder liegen Sie bewusst entspannt.*
- *Schließen Sie die Augen, und lächeln Sie sich selbst freundlich zu.*
- *Nehmen Sie Ihren Atem so wahr, wie er jetzt gerade ist: langsam oder schneller, tief oder eher flach …*

- *Lauschen Sie Ihrer Musik …*
- *Die Musik umgibt Sie schützend, hüllt Sie ein wie in ein Zelt aus Klängen, bildet einen magischen Kreis um Sie herum.*
- *Wenn die Musik verklingt, räkeln Sie sich gründlich und reiben Sie sich kräftig beide Ohren, das macht munter.*

Eine regelmäßige kurze Entspannung übt die Fähigkeit, schnell und gründlich abzuschalten. Sie ersetzt sogar fehlenden Schlaf.

Auch während der Geburt kann Musik die Entspannung zwischen den Wehen sehr unterstützen. In vielen Krankenhäusern, in den Geburtshäusern und wenn sie zu Hause gebären, haben Sie die Möglichkeit, während der Geburt Ihre Lieblingsmusik zu hören. Man hat beobachtet, dass Musik die Ausschüttung von Endorphinen fördert. Die erleichtern es bei der Geburt, in diesen ganz besonderen Zustand von Zuversicht und In-sich-gekehrt-Sein zu gelangen. Frauen, die gelernt haben, sich zur Musik zu entspannen, empfinden die Geburt als weniger schmerzhaft. Vielleicht öffnen sie dabei nicht nur ihr Ohr der Musik, sondern gleichzeitig sich selbst für das Geschehen der Geburt.

Michel Odent, der berühmte französische Geburtshelfer, hat beobachtet, dass Frauen besonders die Geräusche von Wasser beruhigend finden. Die Gegenwart von Wasser hilft Menschen, sich sicher zu fühlen.

Anregung: Das Wasserspiel

Es gibt Musikaufnahmen, die Melodien mit Naturgeräuschen, so auch mit dem Geräusch fließenden Wassers, verbinden. Eine davon finden Sie auf unserer CD: Nr. 11 „Das Wasserspiel“. Hören Sie doch dieses Stück einige Male hintereinander.

Aber es sei noch einmal betont: Musik wirkt auf jeden Menschen anders. Manche Frauen bevorzugen bei der Geburt (und auch sonst) statt sanfter Klänge sehr kraftvolle Töne: Afrikanische Trommelmusik, einen Heldentenor, der aus der Tiefe seines Körpers herzhaft schmettert, intensiven Blues oder solide Rockmusik.

Haben Sie schon in der Schwangerschaft eine Lieblingsmusik entdeckt, hören Sie sie oft, und entspannen Sie sich dazu. Wenn Sie dieses Stück nach der Geburt wieder spielen, sie mit Ihrem Baby gemeinsam hören, werden Sie beobachten, dass Sie beide schnell in einen Zustand von Gelassenheit und Ruhe kommen. Musik kann Ihnen auch helfen, im Auf und Ab der Gefühle in den ersten Wochen und Monaten nach der Geburt immer wieder Momente der Ruhe zu finden.

Tanz

Oder verspüren Sie eher das Bedürfnis, der inneren Bewegtheit durch körperliche Bewegung Ausdruck zu verschaffen?

Haben Sie Lust zu tanzen? Dann tun Sie das! Tanzen ist während der Schwangerschaft, nach der Geburt und auch später eine angenehme und ausdrucksvolle Bewegungsart. Tanzen regt Ihren Kreislauf an, verhilft Ihnen zu einer schönen Haltung und ist gut für Ihren Beckenboden, bringt Ihnen frische Energie, wenn Sie müde sind, und hebt Ihre Stimmung. Tanz ist eine gute Geburtsvorbereitung und eine ebenso sinnvolle Rückbildungsgymnastik.

Anregung: Ich tanze mit dir in den Himmel hinein ...

Mit Ihrem Partner, mit Ihrem Baby – noch im Bauch oder schon auf dem Arm –, mit den Kleinen in der Krippe gemeinsam zu tanzen, ist ein schöner Anfang des Familienlebens und fördert später die Kontakte in der Kindergruppe. Schon ein Baby mag die rhythmischen Bewegungen, das fröhliche Miteinander im Walzertakt wird ihm gut gefallen …

Bauchtanzmusik, afrikanische Trommeln, flotte Walzer, Popsongs oder Rock, Erinnerungen an ausgelassene Feste: Lassen Sie sich die Musik in die Beine fahren, und geben Sie Ihre gute Stimmung weiter an die Kinder!

Massage

Viele Menschen lassen sich gern mit Massagen verwöhnen. Frauen mögen in der Schwangerschaft besonders gern massiert werden, und auch in den Wochen nach der Geburt ist Massage eine schöne Möglichkeit einander mitzuteilen: Ich mag dich, ich unterstütze dich, ich helfe dir, ich stärke dir den Rücken. Einander zu schöner, fließender Musik zu massieren, ist wie ein Geschenk. Wieder werden die Sinne angesprochen, die uns schon in der Zeit vor unserer eigenen Geburt Wohlbefinden vermittelt haben: Sie fühlen die Berührung auf der Haut, ihren Rhythmus und hören dabei angenehme Klänge.

Auch Ihr Baby mag vielleicht gern bei Musik massiert werden.

Viele anschauliche Anregungen zur Massage für Babys und Kinder finden Sie in meinem Buch „Schmetterling und Katzenpfoten“, das ebenfalls im Ökotopia Verlag erschienen ist. Musik ist nicht unbedingt notwendig bei einer Massage, sie kann aber dazu beitragen, diese beiden Menschen von der Unruhe der Außenwelt abzuschirmen. Sie kann ein schützendes Zelt aus Klängen schaffen. Darüber hinaus macht es der Rhythmus der Musik leichter, sich auf ein gemeinsames Tempo einzuschwingen.

Anregung: Schmetterlingsleicht

Streichen Sie mit weichen Händen zügig vom Scheitel des Kindes (oder des/der Erwachsenen) bis ganz hinunter über die Füße hinaus.

Streichen Sie mit dem Finger über sein Gesicht: die Stirn, um die Augen herum, um den Mund und die Ohren.

Fahren Sie die Arme entlang nach unten, streichen Sie über die Hände.

Beschreiben Sie Kreise im Uhrzeigersinn auf dem Bauch.

Drehen Sie das Baby oder den Erwachsenen auf den Bauch, eine schwangere Frau legt sich auf die Seite.

Streichen Sie vom Kopf bis zu den Füßen schmetterlingsleicht über die Rückseite des Körpers.

Singen und Tönen

In der Geburtsvorbereitung lernen Frauen heute häufig, das Ausatmen bei der Geburt mit einem Ton zu begleiten. Dieses langgezogene „Aah“, immer wieder wiederholt, aus der Tiefe des Körpers kommend, die ungeheure Kraft der Wehe ausdrückend, begleitet das Baby während der ganzen Geburt. Dieser Ton kann ihm als Leitlinie dienen, die es aus der Gebärmutter hinaus in die Welt führt. Und in dem Moment, wo das Baby dann geboren ist, nimmt es den Ton auf und manchmal ist das „Aah“ der Mutter von dem kurz darauf folgenden ersten Schrei des Kindes ktaum zu unterscheiden.

Anregung: Gefühlen freien Lauf lassen

Immer wenn Sie in Ihrem Leben als Mutter, als Vater überwältigt sind von all dem Neuen: Lassen Sie Ihren Gefühlen freien Lauf mit einer Serie kraftvoller „Aaaahs“ und Ooohs“, das löst Spannungen (s. auch die Übung „Klangräume öffnen“ auf S. 9).

Ihrem Kind zu Hause oder in der Gruppe etwas vorzusingen, kann Ihnen genauso wie dem Kleinen gut tun. Im nächsten Kapitel erfahren Sie mehr darüber.

Muttersprache – der schönste Klang der Welt

Mit vier Ohren hören

Wie wir oben gesehen haben, ist der Klang der mütterlichen Stimme für das Baby ein ganz besonderer Ton. Dieser Klang ist verbunden mit Wohlbefinden, mit der Geborgenheit in der Tiefe der Gebärmutter. Direkt nach der Geburt hat das Kind noch für einige Tage das Innenohr mit Wasser gefüllt. So hört es die Stimme der Mutter noch ähnlich gedämpft wie vorher im Fruchtwasser.

Es kann sein, dass das Baby etwa zwei Wochen nach der Geburt eine unruhige Zeit durchlebt, weil das Wasser dann resorbiert wird und die Töne schärfer in sein Ohr dringen. In der Zwischenzeit hat das Baby gelernt, wie seine Mutter, wie sein Vater aussieht, wie sie sich anfühlen, wie sie riechen. Das Ohr hat einen Übergang geschaffen zwischen den Wahrnehmungen in der Gebärmutter und denen, die es jetzt, nach der Geburt macht. Die mütterliche Stimme drückt für das Baby vor allem Liebe und Geborgenheit aus. Wann immer es nach der Geburt ihre Stimme hört, wenn sie mit ihm redet, wenn sie singt oder eine Geschichte erzählt: Das Baby nimmt vor allem die Liebe wahr.

Ich selbst singe gern, aber nicht besonders wohlklingend und gelegentlich herzhaft falsch. In meiner ersten Schwangerschaft wurde ich unsicher, ob falsche Gesänge die Musikalität beeinträchtigen könnten. Musikpädagogen, Sänger und Musiker in unserem Freundeskreis beruhigten mich. Also sang ich weiter mit Leidenschaft in der Schwangerschaft und danach, Lena war begeistert, vor allem von den Liedern, die sie schon kannte, und … ist sehr musikalisch. Ihre jüngere Schwester liebte meine Gesänge ebenso und singt heute mit großem Vergnügen … mit einem leichten Hang zu schiefen Tönen wie ich.

Versteht das Baby auch schon Ihre Worte? Immer wieder berichten Menschen, dass sie sich an Worte erinnern, die sie vor der Geburt oder kurz danach oder in den ersten Lebensjahren gehört haben, zu einer Zeit also, in der sie Sprache noch nicht verstehen konnten. Hier sind zwei Interpretationen möglich: Die eine, dass die Klangmuster später mit einem Sinn unterlegt werden. Möglicherweise werden aber auch die damals gehörten Worte fest verbunden mit ihrem gefühlsmäßigen Inhalt. Und dieser Inhalt wird dann später in Worte gefasst.

Gefühle lassen sich über Sprache ausdrücken, auch wenn man kein Wort versteht. Wenn Sie mögen, können Sie eine kleine Übung dazu machen.

Anregung: Verständliches Kauderwelsch

Erzählen Sie Ihrem Partner, Ihrer Freundin, Ihrer Kollegin eine Geschichte in Kauderwelsch, in sinnlosen Silbenfolgen. „Didü, didü, dida!" Oder „öne menfuschee?"
Berichten Sie auf diese Weise über ein Gefühlerlebnis. Wie Sie sich über einen knapp verpassten Bus geärgert haben, wie Sie sich auf einer Party amüsiert, über ein Geschenk gefreut haben etc. Lassen Sie Ihr Gegenüber raten, welches Gefühl Sie ausdrücken wollten. Sie werden überrascht sein, wie deutlich in diesem Kauderwelsch, ohne verständliche Worte, Gefühle deutlich werden.

Sind so zarte Ohren
scharf – und ihr erlaubt –,
darf man nicht zerbrüllen,
werden davon taub.
(Bettina Wegner, Kinder)

Eine Schwangere hört immer mit vier Ohren. Und sind Sie sicher, dass Ihr Baby den Krimi im Fernsehen oder den Horrorfilm im Kino mithören sollte? Die Geräusche, die zu ihm dringen und die Gefühle, die diese Geräusche bei Ihnen ausdrücken, sind eine deutliche Botschaft an das Baby. Ebenso deutlich ist auch die Botschaft von Fröhlichkeit und von Liebe, die Sie Ihrem Kind zukommen lassen können. Singen Sie Ihrem Baby etwas vor, so lange es noch in Ihrem Bauch ist und singen Sie dieses selbe Lied, wenn Sie ihm eine Freude machen oder es beruhigen wollen, nach der Geburt, wenn Sie es herumtragen, weil es weint oder weil es nicht schlafen kann.
Das kann auch zu für uns überraschenden Reaktionen führen, wie die folgende Geschichte zeigt: Eine Freundin adoptierte ein Baby, das sein vorgeburtliches Leben in einer ausdauernd lärmenden Großfamilie in Brasilien verbracht hatte. Die Ruhe in seiner neuen Umgebung fand es unerträglich. Erst ein ständig dudelndes Radio gab ihm das Gefühl, zu Hause zu sein. Es entspannte sich, wurde ruhig und sehr fröhlich.

Stimme und Stimmung

Klänge wieder zu hören, die ihm schon aus der Zeit vor der Geburt vertraut sind, mag für ein Baby die Erinnerung an paradiesische Zeiten wach rufen, an eine Existenz ohne Mangel und in vollkommener Geborgenheit. Der Hunger nach Nahrung, das Bedürfnis nach Zuwendung, die Erfahrung von Mangel macht das Kind erst nach der Geburt.

Engel haben Himmelslieder
auf den Feldern angestimmt.
Echo hallt vom Berge wider,
dass es jedes Ohr vernimmt.
Gloria, in excelsis Deo.
(Weihnachtslied)

In wesentlichen Ausdrucksformen ihrer Person, im Rhythmus ihrer Bewegungen, in der Art, wie sie atmet, und über ihre Stimme ist die Mutter dem Kind schon lange vertraut. Und natürlich ist dem Kind bekannt, wie Sie Ihre Sorgen fühlen, wie Sie Angst, Ärger oder Mutlosigkeit empfinden. Das Baby kennt die gesamte Palette der Gefühle, bevor es geboren wird. Es hat sie in der Stimmung der Mutter gefühlt, in ihrer Stimme schon einmal gehört. Auf diese Weise ist es bestens vorbereitet auf die besondere Umgebung, in die es hineingeboren wird.
Der Klang der Stimme hängt direkt mit dem psychophysischen Zustand des Menschen zusammen. Unmöglich sich zu verstellen. Die Stimme ist der unmittelbare Ausdruck der Person. Über die Stimme der Mutter erfährt das Baby alle nur denkbaren Zustände menschlicher Befindlichkeit. Der Musiktherapeut Fritz Hegi (1986) entwickelt dazu interessante Überlegungen: „Variationen des Wortstammes (Per-)son sind Ton, Sound, Sonare, Sonate, Song, Singen, Sonne, gesund. – Eine verblüffende Wortfamilie, die stimmlich-musikalische, physische, astronomische und klangliche Gestalten miteinander verbindet. Die Stimme eines Menschen ist die am direktesten klingende Verbindung zwischen seiner inneren und äußeren Welt.“
Stimme drückt Gefühle aus, Stimme teilt sie anderen mit, Stimme schafft Beziehung. Und harmonische Beziehungen sind auch gesunde Beziehungen.
Harmonie bedeutet zum einen, wohlklingend miteinander zu schwingen, es bedeutet aber auch die Stimmigkeit zwischen Gefühl und Ausdruck. Dieser Einklang kann auch bestehen, wenn jemand seinem Zorn, seinem Ärger mit der Stimme Ausdruck verleiht.
Mit der Stimme der Mutter verbindet sich auch die Muttersprache. Der Klang, der Rhythmus der Muttersprache ist für viele Menschen verbunden mit dem Gefühl, zu Hause zu sein. Wenn Menschen Heimweh haben, vermissen sie oft besonders den Klang der heimatlichen Mundart.
Kinder lernen sehr leicht die Sprache, die ihre Mutter während der Schwangerschaft gesprochen hat, auch wenn sie die ersten Lebensjahre nach der Geburt in einem anderen Sprachraum verbringen werden.
Mit dem eigenen Baby kommt häufig die Erinnerung an alte Lieder und Verse, wie sie in der eigenen Kindheit gehört wurden. Diese Worte sind oft schon von vielen Generationen gesungen worden, um Babys zu erheitern, zu trösten oder in den Schlaf zu wiegen.

Während der Arbeit an diesem Buch habe ich einige Jugendliche gefragt, welche musikalischen Erfahrungen sie aus ihrer Kindheit erinnern. Unabhängig voneinander sagten alle spontan: „Mit den Eltern im Auto zu singen, das war schön." Gemeinsam zu singen, ist hörbare Harmonie, zumindest der ernsthafte Versuch dazu. Die kuschelige Umschlossenheit in der Enge des Fahrzeugs mag auch etwas dazu beitragen, dass gerade diese Situation als angenehm erinnert wird.
Ich hörte mich weiter um und bekam von Hartmut Höfele die folgende Familiengeschichte erzählt:
„Da gibt's eine Mutter, die hat fünf Kinder …
In unserem Dorf galt sie als ‚Wuchtbrumme'. Eine energische Frau, die jeder kannte.
Singen tat sie gern.
Alte Volkslieder, Schlager, Operettenkram und Schnulzen. Wir (ihre Kinder) waren dabei ihr Chor. Meine Mutter trällerte die Strophen und die Kinder schmetterten den Refrain: Simsalabimsaladusaladim.
Unser Renault 16 war oft vollgepackt mit Kindern. Meine Mutter fuhr uns dann zum Sportplatz, zur Ballettprobe, ins Schwimmbad, zum Chor, zum Einkaufen, in die Stadt, aus der Stadt heraus …
Und immer wurde gesungen. Ja, wir lernten beim Autofahren die Lieder. Und das mit wahrhafter Begeisterung. Dabei lernten wir mit der Stimme zu phrasieren. Wir lernten Taktgefühl und Rhythmus … und in der Kurve quietschten die Reifen und wir vor Vergnügen!
So banal es klingt, so einfach ist es! Es war der erste Anstoß für uns, dass vier der fünf Kinder Musiker wurden. Für meine jüngeren Brüder begann es schon, als sie noch im Mutterleib waren.
Singen. Gemeinsam singen und somit gemeinsam atmen. Ein- und ausatmen. Das war in meinem Elternhaus sehr wichtig.
Und nach dem Singen waren wir dann wieder eins, auch wenn vorher gestritten wurde.
Eine Familie halt. Eine Chorbande. Ein – Atem."

Die Ammen haben es gewusst

Kinder mit kleinen Versen und Reimen zu erfreuen, zu beruhigen und zu trösten, ist eine Kunst, die schon die Ammen unserer Großmütter und Urgroßmütter beherrschten. Kleine Menschen lieben es besonders, wenn Sprache in einem einfachen Rhythmus daherkommt. Und dass Worte sich reimen. Tragen Sie Ihrem Baby doch einmal einige der folgenden Verse vor, singen Sie sie, wenn Sie die Melodie erinnern, oder murmeln Sie sie im Sprechgesang. Und natürlich funktionieren diese Verse auch sehr gut als Stimmungsmacher, Beruhiger oder Tröster in der Kindergruppe.

Zunächst einer der ältesten überlieferten Wiegenliederverse. Er stammt aus dem 13. Jahrhundert.

„Wigen wagen, gugen gagen,
wenne will ez tagen?
Minne, minne, tute minne,
swic, ich will dich wagen."

Heile, heile Segen

Drei Heilverse helfen bei Schmerzen, bei kleinen Verletzungen, die für das Kind oft größer erscheinen, als sie wirklich sind. Nehmen Sie das „Aua" ernst und wichtig, dann wird es – mit der „magischen" Unterstützung des Heilverses – auch schnell wieder vergessen sein.

Anregung: Heilverse

Heile, heile Segen,
drei Tage Regen,
drei Tage Sonnenschein,
wird schon wieder besser sein.

Streichen Sie mit der Hand zu diesem Vers sacht über das lädierte Körperteil, und machen Sie es heil.

Sie können den Schmerz auch einfach wegpusten mit dem nächsten Vers:

Heile, heile Segen,
drei Tage Regen,
drei Tage geht der Wind,
heile, heile, liebes Kind,
den Schmerz pust ich dir weg geschwind.
Pust, pust.

Oder tanzen Sie den Schmerz davon:
Warum weinst du, armes Kind?
Ich wieg dich hin und her geschwind!
Hei, jetzt tanzen wir zu zweien
einen schönen Ringelreihen,
bis du dann den Schmerz vergisst,
bis du wieder fröhlich bist.

Ein krankes Kind lässt sich gern etwas vorsummen. Erinnern Sie sich noch an die Melodien der folgenden Liedchen?

Anregung: Trostlieder für kranke Kinder

Summ, summ, summ,
Bienchen summ herum.
Ei, wir tun dir nichts zuleide,
flieg nur aus in Wald und Heide.
Summ, summ, summ
Bienchen summ herum.

Summ, summ, summ,
Bienchen summ herum.
Kehre heim mit reicher Gabe,
bau uns manche volle Wabe.
Summ, summ, summ,
Bienchen summ herum.

Wenn Sie bei diesem Summlied Ihr Baby am Körper tragen, überträgt sich die Vibration des Summens auf das Kind. Schaukeln Sie dabei gemeinsam im Schaukelstuhl oder gehen Sie ruhig durch den Raum.

Der nächste Vers zaubert durch die Überraschung bei dem „Häschen hüpf“ vielleicht ein Lächeln auf das Gesicht des Kindes. Hat es Bauchweh, kann das Hüpfen den Darm in Bewegung bringen und Spannungen auflösen.

Häschen in der Grube,
saß und schlief, saß und schlief.
Armes Häschen bist du krank,
dass du nicht mehr hüpfen kannst?
Häschen hüpf,
Häschen hüpf,
Häschen hüpf.

Ringel, ringel, Reihe

Tanzlieder machen schon den ganz Kleinen Spaß. Später werden sie zu Tanzspielen gesungen.

Anregung: Tanzspiellieder

Es tanzt ein Bi-Ba-Butzemann
in unserm Haus herum.
Er rüttelt sich, er schüttelt sich,
er wirft sein Säcklein hinter sich.
Es tanzt ein Bi-Ba-Butzemann
in unserm Haus herum.

Erinnern Sie sich an das folgende alte Ringelreihen-Lied?

Ringel, ringel, Reihe,
sind der Kinder dreie,
sitzen unterm Holderbusch.
Rufen alle: „Husch, husch, husch."

Und dann noch Brüderchen und Schwesterchen:

Brüderchen, komm tanz mit mir,
beide Hände reich ich dir.
Einmal hin, einmal her,
rundherum, das ist nicht schwer.

Mit den Händchen, klipp, klapp, klapp,
mit den Füßchen tripp, tripp, trapp!
Einmal hin, einmal her,
rundherum, das ist nicht schwer.

Anregung: Fingerspiel

Manchmal tanzen auch nur die Hände. Und dass Handklappverse oder Fingerspiele Hits bei kleinen Kindern sind, wissen alle Eltern und ErzieherInnen.
Zu dem folgenden Verslein können Sie ein kleines Spiel mit Ihren Fingern aufführen:

Kommt ein Mäuslein,	*Die Finger bewegen sich trippelnd*
baut ein Häuslein,	*Die Hände bilden ein Dach*
kommt ein Mücklein,	*Die Finger schwirren durch die Luft*
baut ein Brücklein.	*Hände liegen gewölbt übereinander*
kommt ein Floh,	*Ein Hüpfer mit der Hand, ein*
der macht sooooo …	*Piekser mit dem Finger in den Arm oder die Wange oder den Bauch des Kindes*

Anregung: Schmunzelverse

„Reim dich, oder ich fress dich": Babys und Kleinkinder lieben Reime. Was macht es da schon, wenn der Text Unsinn ist?

Frau von Hagen,
darf ich's wagen,
Sie zu fragen,
wie viel Kragen
Sie getragen,
als Sie lagen
krank am Magen
im Spital zu Kopenhagen?
(*Christian Morgenstern*)

Eine kleine Dickmadam
fuhr mal mit der Eisenbahn.
Eisenbahn, die krachte,
Dickmadam, die lachte.
Lachte, bis der Schutzmann kam
und sie mit zur Wache nahm.

Schlaf, Kindchen schlaf

Und wenn Sie dann genug getröstet, getanzt, gespielt, gelacht haben, kommt die Zeit für ein Schlaflied.

Anregung: Schlaflieder

Die Kleinen in der Krippe oder in der Kindergruppe freuen sich übrigens genauso darüber, wenn sie vor dem Mittagsschlaf ein Lied vorgesungen bekommen. Jeden Tag darf sich ein anderes Kind sein Lieblingsschlaflied wünschen.

Schlaf, Kindchen schlaf.
Dein Vater hüt' die Schaf'.
Die Mutter schüttelt 's Bäumelein,
da fällt herab ein Träumelein.
Schlaf, Kindchen schlaf!

Auf der CD finden Sie die Melodien weiterer Schlaflieder angesummt und ab S. 62 die Texte dazu.
Wenn Sie mögen, können Sie einlullend dieses Verslein wieder und wieder wiederholen und die Stimme dabei immer leiser werden lassen.
Manchmal mag Ihnen aber auch zumute sein wie dieser jungen Mutter:

Wenn die Mädchen tanzen gehn,
muss ich an der Wiege stehn,
muss da machen Knick und Knack;
Schlaf, du kleiner Habersack.

Ose, wise, wose

Viele überlieferte Wiegenlieder imitieren Brabbellaute. Diese „psychophonetischen" Klanggebilde werden von Eltern oftmals intuitiv gebraucht. Instinktiv benutzen Menschen unterschiedlichster Kulturen weltweit ähnliche Silbenfolgen, die das Interesse der Babys wecken.

Anregung: Klang- und Nonsensverse

Je nach Lautstärke, rhythmischer Intensität und Absicht können dieselben Laute ein Baby besänftigen und beruhigen oder es ermuntern und anregen. Hier sind einige dieser „Zaubersprüchlein" aus mündlichen Überlieferungen:

O-se, wi-se,
wo-se, wi-se,
wal-la, kristal-la,
kris-tose wi-se
wo-se wi-se,
wies, wies, wies, wies.
(*Traditionelles Babylied aus Holland*)

A-ram sam sam
a-ram, sam, sam.,
gulli, gulli, gulli, gulli, gulli
ram, sam., sam.
Arafi, arafi
gully, gully, gully, gully, gully
ram, sam., sam.
(*Traditionelles Babylied aus dem arabischen Sprachraum*)

Atte, katte, nuwa,
atte, katte, nuwa,
emesa dola misa de
hexa, kolla, misa, wote,
hexa, kolla, misa, wote.
Atte, katte, nuwa
Emisa, dulla, misa de.
(*Klang- und Artikulationsspiel aus Lappland*)

Enne, denne
dobe, denne
dubbe, denne, da, ja.
(*Traditioneller Klangvers aus Deutschland*)

O alele,
a bäre, dicke dumba.
A Massa, Massa, Massa.
O balla, balla, balu-e
(*Traditioneller Nonsensvers aus Deutschland*)

Oder probieren Sie die Verse von Hartmut Höfele:
Sim, sam, sum.
Ich summe mit Gebrumm.
Ich summ für meinen Schatz
ein Lied mit viel Gebrumm.
Sim, sam, sum.

Sim, sum, sam.
Ich üb mich im Gesang.
Ich sing für meinen Schatz
ein Lied mit frohem Klang.
Sim, sum, sam.

Sim, sam, som.
Ich flöt dir einen Ton.
Ich flöt für meinen Schatz
ein Lied mit hellem Ton.
Sim, sam, som.

Sim, sam, sim.
Ich träller vor mich hin,
ich sing für dich ein Jubellied,
hör zu, denn diese Melodie
hallt leise durch das Haus
und ist auf einmal aus.

Anregung: Klanggeschichte

Sie können auch selbst mit Ihrer Stimme spielen, wie es Dorle Ferber auf unserer CD (Nr. 4 und 10) tut. Sie erzählt ganze Geschichten ohne ein einziges Wort, nur mit dem Klang ihrer Stimme.

Babygespräche

Es dauert nur wenige Monate, bis Ihr Kind seinerseits beginnt, lange Lautketten zu produzieren. Oft beginnen die Kleinen mit öre, öre, öre oder auch mit ba, ba, ba, ba und da, da, da, da. Manche wählen allerdings auch andere Lautfolgen wie zum Beispiel meine ältere Tochter: Lena erzählte lange Geschichten: bila, bila, bila, bila, bila, bila ... sehr zum Erstaunen der Fachleute unter unseren Freunden.

Ihr Baby wird sich aufs Beste verstanden fühlen, wenn Sie seine Lautfolgen wiederholen. Wenn Sie auf öre, öre, öre, ebenfalls mit öre, öre, öre antworten. Und da, da, da vielleicht mit ba, ba, ba variieren. So können Sie miteinander lange Unterhaltungen führen und viel Spaß dabei haben. Und Ihr Baby lernt die Grundzüge eines Gesprächs: Jemand sagt etwas, der andere antwortet, der eine spricht wieder, der andere antwortet.

Scheuen Sie sich nicht, in der Brabbelsprache mit dem Kind zu reden. Es hat im Verlauf eines jeden Tages ausreichend Gelegenheit, auch die Erwachsenen-Sprache zu hören, und es wird sich diese im Lauf der Zeit zu eigen machen.

Kinder spielen mit Lauten wie mit Spielzeug. Und ein babygeeignetes Spielzeug sind zum Beispiel schlichte Bauklötze und nicht schon der Technik-Baukasten. Spielen Sie mit Ihrem Baby so, wie es seinen derzeitigen Fähigkeiten entspricht.

Mit einem Baby zu reden, das heißt auf der einen Seite, sich mit ihm in seiner Sprache, also in der Lautmalerei zu unterhalten. Es bedeutet aber auch, dem Baby in der Erwachsenensprache die Welt und sich selbst zu beschreiben. Beim Baden, beim Füttern oder beim Wickeln können Eltern mit ihrem Baby plaudern: „So zart ist deine Haut ... Deine Augen sind so schön ... Deine Haare sind schon gewachsen ...“

Benennen Sie dem Kind, was Sie sehen, was Sie fühlen. Und kündigen Sie auch an, was sie mit ihm tun: „Ich zieh dir jetzt das Jäckchen an. Gibst du mir deinen Arm?“ (Vgl. auch Pickler, Tardos 1997)

Beschreiben Sie dem Baby die Welt, beschreiben Sie ihm seine eigene Gestalt und was Sie mit ihm tun. Auf diese Weise erweitern Sie seinen passiven Wortschatz. Bald wird es in der Lage sein, diesen Wortschatz aktiv zu nutzen. Und das Baby entwickelt das sichere Gefühl, angesprochen zu werden, angenommen zu sein in seiner Einzigartigkeit. Es entwickelt ein gesundes Selbstwertgefühl.

Musik hören, Klänge erzeugen

Hausmusik

Musik zu hören, auf Klänge zu lauschen, macht Spaß. Mit der eigenen Stimme Geräusche zu produzieren, sich miteinander zu unterhalten, aus Brabbel-Lauten Sprache werden zu lassen, ist ein wichtiger Aspekt der kindlichen Entwicklung und der Beziehung zueinander. Das Vergnügen daran wird nur noch übertroffen von dem Spaß, den es bereitet, Geräusche selbst zu produzieren, Musik zu machen, ganz für sich allein oder mit anderen. Die rhythmische Gestaltung von Musik hat Bezug zu Körperrhythmen. Mit dem Bewegen einer Rassel, mit dem Schlagen auf einen Resonanzkörper setzt das Baby Körperbewegung in Klang um. Dabei fühlt es und hört es seine Bewegung gleichzeitig. Es bringt etwas zum Klingen in der Welt. Es findet Anklang. Und damit eine Bestätigung für seine Fähigkeit, etwas in der Welt zu bewegen. Dabei ist es im Spielen ganz dem Moment hingegeben, es will sich ausdrücken, aber andere Menschen nicht beeindrucken. Wenn ein Baby ein Instrument entdeckt, tut es das absichtslos. Nur mit dem einzigen Ziel, in diesem Moment mit diesem Ding sein Vergnügen zu haben.

Zunächst ist es eher ein Zufall. Das Baby erlebt vielleicht mit einer Rassel in der Hand, dass seine eigene Bewegung ein Geräusch produziert. Diese unglaubliche Entdeckung – „Ich kann selbst mit einer Bewegung meines Arms diesen wunderbaren Ton zustande bringen" – fasziniert ein Baby immer wieder aufs Neue. Babyrasseln sind schon seit langer Zeit und in vielen Kulturen das allererste Spielzeug für die Kleinen.

Lassen Sie uns in diesem Kapitel gemeinsam entdecken, wie Sie mit dem eigenen Körper, mit Alltagsgegenständen und mit ausgewählten Instrumenten für Ihr und mit Ihrem Baby oder in der Einrichtung mit den Krippenkindern Musik machen können. Sie wissen sicher selbst, dass ein Live-Musik-Erlebnis viel Freude bringt und dann noch mehr Spaß macht, wenn man selbst als Akteur daran beteiligt ist.

Ebenso wie Sie auf die stimmlichen Produktionen Ihres Babys antworten, können Sie sich auch mit Klängen unterhalten. Gestalten Sie doch einfach kleine Frage- und Antwortspiele.

Einer macht ein Geräusch, sei es mit der Stimme, mit Rasseln, mit Klangstäben, mit Klangschalen, die andere antwortet mit dem gleichen Instrument, mit einem ganz anderen oder mit der Stimme, oder ein Instrument beginnt, und die anderen stimmen ein. Ein herrliches Familien- oder Gruppenkonzert entsteht.

Sie beherrschen kein Musikinstrument? Kein Problem. Mit einem Topf klappern, mit der Stimme summen, mit den Fingern schnipsen, mit Pa-

pier rascheln, auf einer Flasche blasen – das können Sie auch. Oder? Wieder geht es vor allem darum, sich miteinander zu unterhalten, in Kontakt miteinander zu treten.
Und die schönste Musik überhaupt ist das gemeinsame Lachen. Etwa in seinem zweiten Lebensvierteljahr beginnt das Baby, laut zu kichern und zu krähen. Lachen Sie ebenso laut mit. Warum eigentlich nicht? Ihr Baby wird begeistert sein, und Ihnen tut es gut: Lachen entspannt, Lachen fördert die Durchblutung, reguliert den Blutdruck, Lachen macht glücklich. Mit Kindern gemeinsam laut zu lachen ist die schönste Musik, die eine Familie miteinander machen kann.

Körperklänge

Der Körper selbst ist schon ein vielseitiges Musikinstrument. Schnalzen Sie mit der Zunge, legen Sie die Lippen locker aufeinander, machen Sie einen Brummton, lassen Sie diesen auf- und abschwellen, blasen Sie beide Wangen dick auf und lassen Sie die Luft mit einem kleinen Knall-Laut entweichen, schnipsen Sie mit den Fingern, klatschen Sie in die Hände.
Die folgende Übung verbindet ein rhythmisches und akustisches Unterhaltungsprogramm für das Baby mit einer erfrischenden Körperübung für den Erwachsenen.

Anregung: Das Wecken der Lebensgeister

Sie stehen aufrecht, räkeln sich ein wenig. Das Baby kann Ihnen dabei zuschauen, wenn es mag.

Klatschen Sie in die Hände,
dann mit der rechten Hand auf den linken Handrücken,
wieder in die Hände,
mit der linken Hand auf den rechten Handrücken.

Dann klatschen Sie nacheinander auf
die Ellbogengelenke,
die Schultern,
die Seiten des Brustkorbs (mit der rechten Hand links und der linken Hand rechts),
die Pobacken,
die Knie außen,
die Fußgelenke außen,
auf die Füße.
Dann auf die Fußgelenke innen (mit der rechten Hand links und der linken Hand rechts),
auf die Innenseite der Knie,
auf die Hüftgelenke,
wieder auf die Seiten des Brustkorbs,
auf die Schultern,
die Ellbogen innen
und noch einmal auf jeden Handrücken.
Sie klopfen immer abwechselnd rechts und links.
Nach jedem Klatschen auf ein Körperteil folgt ein Klatscher in die Hände.
Und jetzt einmal den ganzen Körper gründlich ausschütteln.

Diese Übung hilft Ihnen, sich wieder frischer zu fühlen. Sie weckt verstaubte Energien auf. Ihr Baby wird dem Klatschkonzert interessiert zuhören.

Anregung: Gemeinsam die Lebensgeister wecken

Etwas größere Kinder werden – zu Hause oder in der Kindergruppe – am Klatschspiel beteiligt: Für die einzelnen Bewegungen brauchen sie nicht lange zu üben. Natürlich sind die Bewegungen einfacher als für Erwachsene:
in die Hände klatschen,
auf die Arme,
die Schultern,
die Brust,
den Po,
die Knie,
die Füße.
Mit der Zeit können Sie etwas kompliziertere Abfolgen vorschlagen, zum Beispiel nach jedem Klatschen auf ein Körperteil folgt ein Klatscher in die Hände.
Und zum Schluss einmal den ganzen Körper gründlich ausschütteln.

Musik mit Alltagsgegenständen

Spielen Sie Ihrem Baby die Symphonie Ihres Haushalts in großer Besetzung vor. Was da nicht alles Geräusche macht: das Rascheln von Zeitungspapier, das Knistern von Seidenpapier, eine Streichholzschachtel, in der die Hölzer rasseln, der brummende Fön, das Rauschen aus dem Wasserhahn … Es gibt viele Dinge im Alltag, mit denen sich Musik machen lässt. Und für Ihr Baby ist alles neu, ist alles eine Entdeckung. Haben Sie gewusst, wie aufregend der Klang einer Türklingel sein kann?

Anregung: Haushaltsorchester

Spielen Sie für Ihr Baby auf allen Instrumenten, die sich in Ihrem Haushalt befinden. Bald wird es mitspielen wollen. Wählen Sie dann Materialien aus, die für Kinder ungefährlich sind und dem jewei-

ligen Alter entsprechen. Füllen Sie Nüsse in einen Socken, knoten Sie ihn oben zu, und lassen Sie es damit rasseln. Plastischachteln werden mit Reis oder Hülsenfrüchten oder mit kleinen Knöpfen gefüllt; gut verschlossen (zugeklebt!) und ebenfalls in einen Strumpf gesteckt, sind sie eine prima Rassel. Große Knöpfe, auf ein Band gezogen, klappern schön. Etwa im dritten Vierteljahr seines Lebens kann das Kind sitzen, dann ist ein Konzert auf Töpfen mit Holzlöffeln oder Schneebesen eine Quelle großen Vergnügens. Wenn Ihnen das zu laut ist: Plastikschüsseln oder eine leere Waschmitteltrommel geben etwas gedämpftere Töne. Das Zerreißen von (unbedrucktem!) Papier bringt eine neue Tonlage in das Konzert. Beeindrucken Sie Ihr Baby, indem Sie auf einen Flaschenhals blasen, oder auf einem Kamm musizieren, über den Sie ein Seidenpapier gelegt haben.

Anregung:
Kinderorchester zum Nulltarif

Bitten Sie die Eltern, alte Töpfe, Schüsseln, Schneebesen, Holzlöffel … mitzubringen. Seidenpapier und leere Waschmitteltrommeln sind natürlich auch willkommen für ein Orchester in Kindergruppe oder Krippe. Und nach einigen Proben kann das Kinderorchester den Eltern etwas vorspielen. Sie werden sehen, wenn Sie einmal angefangen haben, auf diese Art Musik zu machen, werden Sie viele neue Ideen entwickeln und mit den Kindern gemeinsam viel Spaß dabei haben.

Das Sanfte-Töne-Instrumentarium

Der Markt an Kinderspielzeug, das Lärm macht, scheint unerschöpflich zu sein. Es gibt Rasseln und Klappern, kleine Trompeten, Blechtrommeln, Flöten und Xylophone und sogar kleine Gitarren in allen nur denkbaren Ausführungen. Schöner als die verschiedenen Kreationen aus Kunststoff, deren Klang oft ebenso schrill ist wie ihre Farben, sind jedoch einfache, echte Musikinstrumente. Es ist sowohl für Sie als auch für Baby und Kleinkind sehr viel angenehmer, die dabei erzeugten harmonischen Töne zu hören, anstelle der oft eher unangenehmen, sehr lauten Geräusche von speziellen Babyinstrumenten. Sicher sind solche Instrumente in der Anschaffung teurer, dafür sind sie aber während der gesamten Kinderzeit vielseitig nutzbar und auch noch schön anzuschauen, wenn sie im Regal stehen. Für das Baby empfehlen sich einfache Instrumente aus Metall oder Holz (ausführlicher s S.41 f.)

Horch mal

- *Spieluhren* eignen sich von den ersten Lebenstagen an. Vielleicht macht es Ihnen Spaß, schon in der Schwangerschaft sorgsam auszusuchen, welche Spieluhr Sie Ihrem Kind schenken möchten.
- Wählen Sie eine Melodie, die auch Ihnen gefällt. Möglicherweise werden Sie sie in den nächsten Wochen und Monaten vielleicht sogar jahrelang wieder und wieder hören.
- Ein *Windspiel* kann eine schöne Bereicherung der Wohnungseinrichtung sein. Es gibt sie in den unterschiedlichsten Größen. Frei hängende Metallstäbe werden von einem Klöppel aus Holz oder Metall zum Klingen gebracht. Die meditativen Klänge erzeugen bei unterschiedlicher Stablänge ein liebliches Klangbild.
- Eine *Windharfe* besteht aus mehreren Saiten, die an einem Resonanzkörper festgemacht sind. Die Windharfe wird im Freien aufgehängt. Der Wind versetzt die Saiten in Schwingung und erzeugt ein stimmungsvolles, feenhaftes Klingen.

Hörst du den Wind,
wie er leis in den Bäumen singt?
Hörst du den Wind,
der die Welt zum Klingen bringt?
Hörst du den Wind,
wie er polternd ums Haus herfegt?
Hörst du den Wind,
der uns alle bewegt?
(Hartmut Höfele)

Rasselbande

Während das Baby in seinem ersten Vierteljahr Musik und Geräusche aufgenommen hat, kann es sich in seinem zweiten Vierteljahr aktiv am Konzert beteiligen. Eine Rassel, die Sie ihm vielleicht schon vorher vorgeführt haben, nimmt es jetzt selbst in die Hand und macht damit Musik. Rasseln, Klappern und Glöckchen sind die ersten Instrumente, die ein Kind spielen kann. Achten Sie beim Kauf auf ungiftige Materialien und darauf, dass die Klänge angenehm sind.

- *Rasseln* sind Hohlkörper, in denen sich kleine Gegenstände, Bohnen, Kugeln befinden. Nehmen Sie solche aus naturbelassenem Holz oder aus ungiftigem Kunststoff. Rasseln gibt es auch als folkloristische Musikinstrumente, zum Beispiel aus Südamerika. Diese eignen sich für Babys allerdings nicht, weil sie mit farbigem Lack überzogen sind. Der lässt sie zwar schön aussehen, ist aber für ein neugieriges Baby, das gern Sachen in den Mund steckt, nicht tauglich.
- *Klappern* sind Holz- oder Kunststoffteile, die miteinander verbunden sind und bei jeder Bewegung aneinander stoßen. Sie klingen meistens etwas dunkler als Rasseln.

- *Glöckchen* eignen sich zunächst für Horchspiele. Lassen Sie einen Ton erklingen und lauschen Sie gemeinsam mit dem Baby darauf. Später können Sie das Glöckchen anschlagen und das Kind die Klangquelle suchen lassen. Wenn das Baby selbst mit dem Glöckchen spielt, achten Sie darauf, dass der Klöppel wirklich gut befestigt ist und nicht verschluckt werden kann.

Etwa im dritten Vierteljahr seines Lebens macht das Baby einen großen Entwicklungsschritt: Es beginnt zu sitzen und eröffnet sich damit ganz neue Bewegungsmöglichkeiten. Seine Arme sind jetzt frei, es erforscht und entwickelt die Geschicklichkeit seiner Finger, Hände und Arme. Jetzt kann es auch Musik mit „richtigen“ Instrumenten machen.

Klingendes Metall

Die unterschiedlichen Metallformen werden mit Hilfe von Holz oder Metallklöppeln zum Klingen gebracht:

- Das *Xylophon*: Metallplättchen sind auf einem Hohlkörper befestigt. Durch ihre unterschiedliche Größe tönen sie in verschiedenen Tonlagen. Es gibt die ganze Oktave auf einem Instrument oder einzelne Töne.
- *Zimbeln* bestehen aus zwei kleinen, hutförmigen Metallstücken, die an einem Band miteinander verbunden sind. Sie klingen, wenn man sie aneinander schlägt.
- *Klangschalen* gibt es in sehr unterschiedlichen Größen von tassengroß bis hin zum Salatschüsselformat. Die kleineren geben einen feinen Ton, der sehr lange nachklingt. Die großen werden in Tibet bei Tempelritualen benutzt und sind für den Hausgebrauch zu gewaltig. Man kann sie mit Holz oder Metall anschlagen oder auch mit einem stoffumwickelten Klöppel.

Holzinstrumente

Als Holzinstrumente für die ganz Kleinen eignen sich Holzblocktrommeln, ein Tamburin oder Schlagstäbe. Der weiche Klang der Holzinstrumente ist auch dann noch angenehm zu hören, wenn ein temperamentvolles Baby ein Schlagzeugsolo übt.

Musikalische Entwicklung bis zum 3. Lebensjahr – Informationen (nicht nur) für ErzieherInnen

(Sabine Hirler)

In diesem Kapitel erhalten Sie einen systematischen Überblick über die musikalische Entwicklung der Babys und Kleinkinder bis zum Alter von 36 Monaten. Es wird um Musik und Eltern-Kind-Beziehung, musikalische Erfahrungen und Gehirnentwicklung, musikalische Förderung von Anfang an, die verschiedenen Entwicklungsstufen des Kindes und um Hinweise gehen, was beim Musizieren mit Babys zu beachten ist.

Musik – ein „emotionaler Botenstoff"

Die musikalische Entwicklung von Kindern beginnt sehr früh. Schon Babys reagieren auf Kniereiter und Krabbellieder mit augenblicklicher Aufmerksamkeit. Sie lachen, glucksen und strampeln. Eltern und Bezugspersonen haben es durch Spiellieder und Reime besonders leicht, in emotionalen Kontakt zum Säugling zu treten. Auch bei unangenehmen Gefühlen wie zum Beispiel Müdigkeit oder Schmerzen kann ein (Wiegen-) Lied Wunder wirken, indem das Baby sich beruhigt oder abgelenkt wird. Ab S. 61 finden Sie einige Wiege- und Tröstelieder.

Musik und Eltern-Kind-Beziehung

Erwachsene Bezugspersonen verstehen es in der Regel intuitiv, mit Babys auf ihrem jeweiligen Entwicklungsstand zu kommunizieren. Ziel dabei ist es, den Säugling zum Lächeln zu bringen und die Bindung zu ihm zu stärken. Musik wirkt wie ein emotionaler Botenstoff und festigt dadurch die Bindung zwischen Eltern und Kind. Im Fachjargon spricht man von einer so genannten sicheren Bindung. Sicheres Bindungsverhalten kann sich jedoch nur dann entwickeln, wenn Eltern ihre Kinder während des Babys, Klein- und

Kindergartenalters positiv unterstützen. Automatisch entsteht bei den Kindern ein positives Selbstwertgefühl, wenn sich die Kinder von klein auf in ihren Aktivitäten, in ihrer Neugierde und in ihrem Forscherdrang unterstützt fühlen und ihre Selbstwirksamkeit „Ich kann etwas bewegen!" von ihrer Umwelt erfahren.
Dieses Verhalten führt wiederum dazu, dass die positiv erlebten Handlungen die Kinder motivieren und die Entwicklung ihrer eigenen Autonomie stärken.
Sicher gebundene Kinder entwickeln sich im Vergleich zu unsicher gebundenen Kindern in folgenden Bereichen besser:

Doch was hat diese intuitive Kommunikation zwischen Eltern, Bezugspersonen und den Säuglingen mit Musik zu tun? Wissenschaftliche Untersuchungen kamen zu dem Ergebnis, dass Musikalität und musikalische Elemente die frühkindliche Kommunikation zwischen Eltern und Säugling prägen. Und diese Form von vorsprachlicher Interaktion gibt es in allen menschlichen Kulturen, sie lässt sich geradezu als Grundlage der menschlichen Kommunikation bezeichnen.
Aus diesem Grund sind Spielformen in der frühen Kindheit häufig musikalisch, da Kinder darauf besonders direkt und mit positiven Emotionen reagieren.

- Sie sind eher fähig, Probleme zu lösen;
- sie können sich besser konzentrieren;
- sie besitzen mehr Ausdauer und haben eine längere Aufmerksamkeitsspanne;
- sie sind sozial aufgeschlossener;
- sie sind in ihren Handlungen flexibler;
- sie können Hilfe erbitten.

Für eine positive Entwicklungsförderung durch Musik ist die Stimme der Eltern oder einer Bezugsperson, die sich dem kleinen Kind emotional zuwendet, die gerne wiederholt und so interagiert, dass das Kind in seinen Bemühungen positiv unterstützt wird, Grundlage einer guten sprachlichen, musikalischen und emotionalen Entwicklung.

Musikalische Spielformen wie Gesang, Krabbelreime, rhythmische Bewegungen zum Lied spielen in der Kommunikation von Säugling und Bezugspersonen eine wichtige Rolle. Sie helfen dem Säugling, emotional positive Erfahrungen zu seiner Umwelt aufzubauen und Urvertrauen in sein soziales Umfeld zu entwickeln. Das gemeinsame Erleben und positive Emotionen sowie die aufeinander abgestimmten Handlungen ermöglichen schon sehr früh ein Gefühl der Geborgenheit und Zusammengehörigkeit zwischen Bezugspersonen und Säugling. Musikalische Erfahrungen und die damit verbundenen Emotionen werden individuell erlebt, jedoch sind sie vom gemeinsamen Handeln geprägt (zum Beispiel reagiert das Baby mit Lachen und Glucksen auf ein Vorsingen, die Mutter fühlt sich bestätigt, freut sich mit dem Kind und wiederholt das Lied).
Durch ausdrucksvolle Mimik, Gestik und facettenreicher Sprache wird die Aufmerksamkeit des Säuglings geweckt und mit dem Kind sprachlich, körperlich und emotional kommuniziert. Diese intuitive Elternsprache (höhere Stimmlage, akzentuiertes Sprechen) kombiniert mit Bewegungen, Berührungen ist für das soziale Wesen Mensch in seiner frühesten Entwicklung von entscheidender Bedeutung.
Schon sehr früh ist der Säugling fähig Mimik, Gestik und Vokalisationen in Gesang und Sprache nachzuahmen, wie sie etwa als Bestandteile in Liedern und Reimen mit dem Säugling gespielt werden.
Dabei ist es für die Entwicklungsimpulse wichtig, dass jegliche Aktivität mit dem Säugling gemeinsam ausgeführt oder von den Bezugpersonen vorgemacht wird, damit die Kinder ein Vorbild haben, das sie entsprechend imitieren können.

Diese Erfahrungen stimulieren die Entwicklung zahlreicher Bereiche im Gehirn und fördern die Fähigkeit, andere Personen nachzuahmen und sich immer besser in diese hineinversetzen zu können (Fähigkeit zur Empathie).

Musikalische Erfahrungen und Gehirnentwicklung

Wie wir weiter oben (s. S. 19ff.) schon erfahren haben, sind Gehör und Tastsinn die ersten vom Ungeborenen entwickelten Sinne. Schon vorgeburtlich entstehen neuronale Strukturen durch Musik, Geräusche und Klänge.
Wissenschaftliche Studien haben gezeigt, dass akustische Stimulationen während der Schwangerschaft das Hörverhalten der Neugeborenen verändert. Sie verfügen über eine erhöhte Sensibilität gegenüber der mütterlichen Stimme, gesungenen Liedern, Musikstücken und der Muttersprache.

Dann, direkt nach der Geburt, erfährt der Säugling etwas sehr Elementares und Prägendes: Er hört seine eigene Stimme und spürt ihre Vibration durch seinen Körper fließen.
Im ersten Lebensjahr entwickeln sich nicht nur die körperlichen Fähigkeiten rasant, sondern gleichzeitig verändert sich auch das Gehirn. Während sich die sprachlichen Fähigkeiten anbahnen, die im Gehirn in bestimmten Sprachverarbeitungszentren (Broca- und Wernicke-Zentrum) spezifisch gespeichert und verarbeitet werden, aktivieren musikalische Aktivitäten das gesamte Gehirn und stimulieren es zu vermehrten neuronalen Verbindungen. In der sozialen Fürsorge und Interaktion besitzen die darin enthaltenen musikalischen Aktivitäten eine wichtige Funktion für den Reifungsprozess des Gehirns. Dabei ist das Ausprobieren der stimmlichen und motorischen Möglichkeiten eine erste Form von Spiel für das Baby, mit dem es auf spielerische Weise lernt und seine Welt entdeckt.

So wirkt musikalische Förderung von Anfang an

Musikalische Aktionen fördern die Entwicklung in vielen Lern- und Bildungsbereichen. Und: Das Kind kann von Anfang an bei seinen musikalischen Entdeckungen liebevoll unterstützt werden.

Musikalische Grundkompetenzen

Jedes Baby kommt mir einer angeborenen Musikalität auf die Welt, deren weitere Entwicklung von seinem sozialen Umfeld abhängig ist. Dabei sind musikalische Aktivitäten für Babys und Kleinkinder immer mit Bewegung verbunden. Bei den meisten Spielformen lässt sich feststellen, dass sprachliche Inhalte und die dabei umzusetzenden Handlungen eine Einheit bilden. Einheit von Sprache und Handlung bedeutet zum Beispiel, dass die Hand als Käfer krabbelt, wenn vom krabbelnden Käfer gesungen wird.
Lieder und Reime als Bewegungsspiele vermitteln dem Baby vielfältige Eindrücke. Mimik, Gestik, Sprache, Lautstärke Rhythmus, Tempo, Sprach- und Liedmelodie stellen eine optimale und ganzheitliche Förderung für das Baby dar. Die Bestandteile der Musik werden durch rhythmisches und interpretatorisches Spielen der Lieder und Reime in Fein- und Grobmotorik erfahren, zum Beispiel in gemeinsamen tänzerischen Bewegungen zur Musik.
Werden Babys zur Musik bewegt oder bewegen sich Kleinkinder schon selbstständig zur Musik, erfahren sie auf ganz natürliche Weise verschieden Gesetzmäßigkeiten:

Raum – große und kleine Bewegungen im Raum, oben und unten, Seitwärtsbewegungen

Beispiele:
Der große Bär tappt umher → große Bewegungen
Die kleine Maus kommt aus dem Haus → kleine Bewegungen
Die kleine Maus klettert auf einen Schrank → Bewegung nach oben

Der Bär ist müde und legt sich hin → Bewegung nach unten
Das Schiffchen schaukelt hin und her → Seitwärtsbewegungen beim Hin-und Herwiegen

Zeit – schnell und langsam, schneller werden, langsamer werden, beginnen und anhalten
Beispiele:
Die Maus tippelt schnell
Der Bär stapft langsam

Kraft – laut und leise, lauter und leiser werden
Beispiele:
Die Maus tippelt umher → leise
Der Bär stapft durch den Wald → laut

Form – Beginn und Ende eines Spielliedes oder Reims, Handlung, serielles Gedächtnis (welche Bewegung kommt an welcher Stelle)
Beispiel:

Kommt die Maus aus ihrem Haus, tippelt dort und schnüffelt hier.	*Als Maus umher tippeln und schnuppern*
Stapft da nicht ein großes Tier?	*Stehen bleiben*
Schaut her ein Bär mit dickem Fell!	*Langsamer sprechen und als dicker Bär umher stapfen*
Das Mäuschen läuft jetzt weg ganz schnell.	*Schnell weg tippeln und sich klein machen*

Die Vernetzung der Sinne

Spiellieder und Spielreime fördern die Koordination des Hör- und Sehsinns, des Tast- und Spürsinns, des Gleichgewichtssinns, des Bewegungssinns und des Bewegungsgedächtnisses. Im Wachzustand nimmt der Säugling alle Sinneswahrnehmungen gleichzeitig auf, auch wenn er sie noch nicht auf adäquate Weise verarbeiten kann. Diese multisensorische Aufnahmebereitschaft, die mit einer sensorischen und emotionalen Verschmelzung des Säuglings mit seiner Umwelt einhergeht, wird als coenästhetische Wahrnehmung bezeichnet.
Während der ersten Lebensjahre bis zur Schulreife lernt das Kind, die einzelnen Sinneswahrnehmungen miteinander zu koordinieren. Das bedeutet für die Entwicklung des Babys zum Beispiel die Koordination von Sehen und Bewegen beim Greifen. Dieser mehrere Jahre dauernde Prozess wird Sensorische Integration genannt und ist für alle weiteren kognitiven Entwicklungsschritte (wie Sprechen lernen) von grundlegender Bedeutung. Einer der wichtigsten Sinne in dieser Altersstufe ist die taktilkinästhetische Wahrnehmung, unser grundlegender Orientierungssinn, der verschiedene Wahrnehmungsebenen (Tasten, Fühlen, Gleichgewicht, Körperwahrnehmung, Bewegungssinn) miteinander und mit den Fernsinnen (Seh-, Hör- und Geruchssinn) koordiniert.
Mittlerweile beeschäftigen sich ganze Berufssparten, zum Beispiel die Ergotherapeuten, mit der Entwicklungsverzögerung der Sensorischen Integration bei Kindern. Die Ursachen sind unter anderem auch in der zu geringen sprachlichen, musikalischen, motorischen und emotionalen Förderung im Baby- und Kleinkindalter zu finden.

Sprachförderung durch Spiellieder und Reime

Sozusagen mühelos kann jede Sprache der Welt von einem gesunden Kind in den ersten Lebensjahren erlernt werden. Die kindliche Sprachentwicklung ist ein faszinierender Prozess und lässt uns Erwachsene immer wieder staunen, welch große Leistung das Kind in dieser Zeit vollbringt. Eltern und andere Beziehungspersonen sollten sich im Klaren darüber sein, dass die Sprachentwicklung ein komplexer Vorgang ist. Dabei wirkt die Reifung angeborener spezifischer Spracherwerbsprogramme mit Einflüssen aus der sozialen Umwelt zusammen.

Spiellieder und -reime vereinen Sprache, Bewegung und Musik. Sie geben den Kindern die Möglichkeit, mit allen Sinnen und positiven Emotionen den engen Kontakt mit einer Beziehungsperson zu erleben. Dabei ist unsere Singstimme ein einzigartiges Instrument und untrennbar mit unserer Persönlichkeit verbunden. Die Singstimme spricht bei Menschen jeden Alters tiefe emotionale Schichten an. Das Baby scheint in der Stimme seiner Mutter geradezu ein emotionales Klangbad zu finden. In Kombination mit Berührungen und Bewegungen, der Muttersprache und dem Eingehen auf die Bedürfnisse des Kindes erfährt das Baby liebevolle Zuwendung, Geborgenheit und Sicherheit.

Der Säugling erhält zudem noch Anreize, seine „Sprechwerkzeuge“ spielerisch mit Lautierungen, Sprachmelodie und -rhythmus auszuprobieren. Musik und Sprache besitzen mit Rhythmus, Lautstärke, Tempo, Melodie, Höhe/Tiefe viele verschiedene Bestandteile. Unbewusst nehmen die Babys diese Bestandteile über die Sprache in Liedern und Reimen auf und lernen die Gesetzmäßigkeiten von Sprache und Musik. Mit der Zeit lernt das Baby und Kleinkind, sich durch nachgeahmte Vokalisationen zu verständigen und kann dadurch seine Bedürfnisse und Gefühle besser zum Ausdruck bringen. Es fühlt sich von seiner Umwelt besser verstanden und damit geborgen. Schließlich besitzt es ja schon Möglichkeiten mit Anderen in Kontakt zu treten und auf seiner Ebene zu kommunizieren.

Dabei ist eine positive und einfühlsame Reaktion auf die Initiativen des Kindes, die Bereitschaft zur ständigen Wiederholung und zu situationsgerechten stimmlichen und motorischen Spielen die Grundvoraussetzung für eine gelingende Sprachentwicklung. Nur dann erfährt das Kind Selbstwirksamkeit. Daraus entwickelt sich Freude am Dasein, am Erkunden seiner Welt und der Wunsch, dies durch Worte kundzutun.

Musikalische Elemente in der Erziehung stärken unter anderem eine positive Grundhaltung und die Kommunikationsfähigkeit. Musikalische Äußerungen von Säuglingen, seien es modulierte Stimmspiele oder Spontangesang von Kleinkindern, sind immer mit positiven Gefühlen verbunden.
Kinderlieder und Reime weisen im Vergleich zur gesprochenen Sprache einen besonders ausgeprägten Rhythmus auf. Melodie und Rhythmus bestimmen die Musik wie auch die Sprache. Dadurch fördern sie die Sprachentwicklung von Kindern. Hinzu kommt, dass sich der Text durch die Endreime sehr gut einprägt – der Wortschatz erweitert sich und das Sprachgefühl wird verfeinert.
Die Förderung der auditiven Wahrnehmungsfähigkeit durch Klänge, Geräusche und Gesang in verschiedenen Spielformen trainiert die Unterscheidungsfähigkeit von Geräuschen, Klängen, Lautstärken, Klangdauer und Sprachlauten und verbessert die Konzentrationsfähigkeit und die Hördifferenzierung, die für eine gute sprachliche Entwicklung unerlässlich sind.
Bei Spielliedern und Krabbelreimen werden gleichzeitig die Bewegung (taktil-kinästhetische Wahrnehmung) und die Wahrnehmung des eigenen Körpers (propriozeptives System) gefördert – und damit die Grundlagen der Sensorischen Integration.

Hördifferenzierung, Intelligenz und serielles Denken

Wer Probleme mit dem Hören hat, dem fällt es schwer, Musik wahrzunehmen. Aber auch für ein intaktes Gehör bedeutet Hören nicht gleich Hören. Das Baby kann auditive Elemente nur herausfiltern, wenn es diese schon einmal so oder so ähnlich gehört hat. Erst dann ist sein Gehirn in der Lage, entsprechende Repräsentanzen und neuronale Verknüpfungen im Gehirn zu bilden, die es sein Leben lang behalten wird. Wiederholungen verstärken diese neuronalen Verknüpfungen zwischen den Nervenzellen im Gehirn und fördern das auditive Gedächtnis, um differenziertes Hören von Klängen, Lautstärken, Tempi, Geräuschen in Sprache und Melodie zu manifestieren. In der emotionalen Sicherheit der Wiederholung können sich alle Eindrücke am besten im Gehirn festigen und tragen dadurch entscheidend zur Entwicklung der Intelligenz bei.

Nicht zu unterschätzen ist in diesem Zusammenhang die Fähigkeit des seriellen Denkens. Schon Babys wissen, an welcher Stelle während eines Kniereiters es gekitzelt oder hochgeworfen wird. Das serielle Denken in diesem Alter zeichnet sich dadurch aus, dass das Baby lernt, welche Handlungen nacheinander folgen (serielles Gedächtnis). Dies kann sich auf alle Ebenen beziehen; sei es sprachlich, musikalisch, motorisch oder in Kombination als Spielhandlung. Diese Form des seriellen Denkens beim Baby ist eine sehr wichtige Voraussetzung für die Entwicklung der Intelligenz und zeigt, wie eng das scheinbar unwichtige Singen, Patschen und Klatschen mit dem Baby seine späteren kognitiven Fähigkeiten beeinflusst.

Um eine kindgerechte und kurzweilige Hördifferenzierung für das Baby anzubieten, sollten die musikalischen und sprachlichen Angebote in Spielliedern und Reimen aus differenziertem Singen und Sprechen bestehen, etwa: erst laut, dann leise – mal schnell, dann langsam etc. Wichtig ist auch, dass mit dem Baby und Kleinkind auf dem Arm getanzt wird. Nur so ist es ihm möglich, die Rhythmen im Gehirn zu speichern; wissenschaftliche Untersuchungen haben ergeben, dass bei Babys durch Hören alleine keine Repräsentanzen im Gehirn gebildet werden können.

Übrigens regelt die auditive Wahrnehmung die Energiezufuhr der Großhirnrinde mit bis zu 90 Prozent der Energiezufuhr. Ein weiterer Hinweis darauf, welche Bedeutung musikalische und sprachliche Sinneseindrücke für den Menschen besitzen.
Gerade obertonreiche Frequenzen, zum Beispiel von einer Klangschale oder einem Windspiel, lösen viele Impulse im Gehirn aus. Nicht umsonst sind wir bei diesen Klängen gleichzeitig wach und doch entspannt.

Persönlichkeitsförderung

In einem emotional geborgenen und anregenden Umfeld kann das Kind durch die liebevolle Unterstützung von Bezugspersonen seine individuellen Fähigkeiten ausleben und weiterentwickeln. Gerade musikalische Spielformen bieten dem Kleinkind eine emotional positive „Plattform“, auf der es sich im sensorischen, motorischen, sprachlichen, kognitiven und sozialen Bereich entwickeln kann. Das Kreativitätspotenzial jedes Kindes wird durch das Imitieren fantasievoller Spielformen in den Bereichen Bewegung, Sprache, Materialien und einfache Instrumente gefördert. Die Kinder erfahren in der Umsetzung sowohl Selbstbetätigung als auch Selbstbestätigung, das wiederum wirkt sich positiv auf die Persönlichkeitsentwicklung aus.

Die musikalische Entwicklung von Babys und Kleinkindern

Die musikalische Entwicklung im ersten Lebensjahr vollzieht sich naturgemäß nicht in klar voneinander abzugrenzenden Stufen, sie werden bei dem einen Kind auch früher bei dem anderen später auftreten. Zur Orientierung teile ich das Erfahrungsfeld Musik für Babys in zwei Entwicklungsstufen (0 bis 6 Monate und 6 bis 12 Monate) ein. Das Baby entwickelt sich in dieser Zeit vom liegenden zum krabbelnden und dann selbstständig im Raum bewegenden Kleinkind, das Spielformen mit allen Sinnen aufnimmt und imitatorisch umsetzt.

Die Entwicklungsstufen des musikalischen Lernens sind jeweils auf die möglichen, altersspezifischen Entwicklungen und zentralen Methoden und Umsetzungsformen im Erfahrungsfeld Musik abgestimmt. Eine Grundvoraussetzung für die gelingende Entwicklung und Umsetzung sind empathische Bezugspersonen, denen das Kind vertraut – und Kinder, die sich in der jeweiligen Umgebung wohl fühlen.

Die folgenden Informationen geben einen systematischen Überblick und fassen teilweise bereits referierte Erkenntnisse noch einmal zusammen.

0 bis 6 Monate

Direkt nach der Geburt sammelt der Säugling auditive Eindrücke, indem er beginnt, Hören, Bewegen und stimmliche Lautierungen zu koordinieren. Diese Koordination ermöglicht es ihm zum Beispiel, körperliche Empfindungen wie Schmerz und Hunger seiner Umwelt mitzuteilen, im Alter von ca. sechs Wochen auch schon seine augenblickliche emotionale Befindlichkeit. Das Baby beginnt, Gurrlaute des Wohlbefindens von sich zu geben. Ungefähr zur gleichen Zeit setzt das Lachen ein, und es werden immer mehr Laute vokalisiert.

Die Stimme seiner Mutter kann das Neugeborene sofort von anderen Stimmen unterscheiden. Besonders aufmerksam reagiert der Säugling auf die vorsprachliche, oftmals musikalisch umgesetzte stimmliche Kommunikation seiner Eltern (intuitive Elternsprache), die beruhigt oder auch anregt. Musikalische Merkmale wie rhythmische Bewegungen, Wiederholungen und die Koordination von Bewegung und Stimme spielen bei der Kommunikation zwischen Säugling und Eltern eine wichtige Rolle. Eltern-Kind-Dialoge fördern die Entwicklung von vorsprachlichen und vormusikalischen Fähigkeiten des Säuglings. Es entstehen durch Wiederholungen gewisse Rituale, die Eltern und Kind vor allem unter emotionalen Gesichtspunkten genießen. Das Ausprobieren der stimmlichen und motorischen Möglichkeiten ist die ursprüngliche Form von Spielen.

Im Lauf des zweiten und dritten Lebensmonats beginnen die Säuglinge, mit ihrer Stimme zu experimentieren, indem sie „brabbeln" und glissandoartige (also gleitend hoch und tief) Laute von sich geben. Sie entdecken die Möglichkeiten von unterschiedlichen Tonhöhen. Dabei trainieren sie ihren Stimmapparat (Atmungsorgane, Kehlkopf, Rachen, Mund- und Nasenhöhle, Muskulatur von Zunge, Wangen, Gaumensegel und Kiefer). *Säuglinge im Alter von drei Monaten sind sogar in der Lage, einzelne Tonhöhen genau nachzuahmen.*

Während des fünften bis siebten Lebensmonats erreicht diese Lallphase ihren Höhepunkt. All-

mählich lassen sich melodische und sprachliche Muster erkennen, die während eines Eltern-Kind-Dialogs zum Beispiel eines Spielliedes, gesungen oder gesprochen wurden.

Außerdem erkundet der Säugling im Alter von ca. fünf Monaten die akustischen Eigenschaften von Gegenständen, indem er Gegenstände zum Beispiel aus seinem Kinderstuhl auf den Boden fallen lässt und lauscht, wie sich der Gegenstand beim Aufprall anhört.

Das Baby erlauscht sich im wahrsten Sinne des Wortes den Klang verschiedener Gegenstände, um etwas über seine Beschaffenheit und über die Wirkungsweise von Schwerkraft zu erfahren (denn es lernt ja bald laufen). Dies ist nicht einer Absicht zuzuschreiben, sondern Bestandteil einer ganz normalen Entwicklung, die von unseren Genen – wie Krabbeln oder Laufen lernen – gesteuert wird.

Mit ungefähr fünf Monaten können Säuglinge bereits kurze Melodien unterscheiden. Sie orientieren sich am charakteristischen Verlauf der Melodie. Ebenso können sie in diesem Alter einfache rhythmische Veränderungen wahrnehmen.

Methoden und Umsetzungsformen:

- Kose- und Neckspiele/Krabbelreime, Kniereiter, Wiegenlieder zu singen und sich entsprechend dazu zu bewegen, vermittelt Geborgenheit.
- Bieten Sie einfache auditive Wahrnehmungsspiele (etwa Klangspiele zum Richtungshören) an.
- Durch Lieder und Reime mit differenziertem Singen und Sprechen (laut – leise, schnell – langsam, schneller werden – langsamer werden, lauter werden – leiser werden) wird die Aufmerksamkeit des Babys fokussiert.
- Singen Sie einfache Kinderlieder und tanzen Sie mit dem Kind auf dem Arm durch den Raum.
- Hören Sie gemeinsam qualitativ gute Musik (Aufnahmen mit echten Instrumenten) und bewegen Sie sich dazu rhythmisch nach Belieben, mit dem Kind auf dem Arm.
- Verstärken Sie positiv das Experimentieren des Kindes mit seiner eigenen Stimme.

6 bis 12 Monate

In dieser Zeit lernt das Kind Krabbeln und gegen Ende hin meist auch Laufen. Art und Weise der Lautierungen und Vokalisationen verändern sich, denn während dieser zweiten Lallphase werden viele Laute der ersten Phase nicht mehr verwendet. Beim Säugling konnten nämlich die Lautierungen und Vokalisationen nicht als sprech- oder singähnlich erkannt werden. Jetzt tritt das Kind häufiger in direkten Kontakt mit seiner Umwelt und versucht, Bewegungen und Laute konkret nachzuahmen.

Mit ungefähr acht bis neun Monaten ahmt es gezielt die Muttersprache nach und orientiert sich an den Mundbewegungen der Bezugspersonen. Das Kind ist nun immer besser in der Lage, zwischen Singen und Sprechen zu unterscheiden, und es kann bewusst von der einen in die andere Vokalisationsart wechseln.

Singt das Kind, so verwendet es melodische Muster, um Gefühlszustände auszudrücken, die die Bezugspersonen in direkte Verbindung zu gemeinsamen spielerischen und rituellen Erfahrungen mit dem Kind setzen können, wie zum Beispiel ein Schlaflied.

An die Sprechmelodie der Muttersprache knüpfen Gesangsmuster aus Silben an, mit denen die Babys Grundbedürfnisse nach Nähe, Essen, Kommunikation ausdrücken. Vorsprachliche Gesangsmuster können fragend, klagend, fordernd, jammernd sein.

Häufig wiederholte Lieder und Reime helfen dem Kind, sich die Muttersprache im wahrsten Sinn des Wortes einzuverleiben. Kinder in diesem Alter zeigen eine große Vorliebe für die Dreiklangsmelodik (zum Beispiel „Ri-ra-rutsch, wir fahren mit der Kutsch") und für abfallende Melodiesprünge (zum Beispiel „Kuckuck – Kuckuck"). Ebenso bevorzugen sie Lieder, die auf dem Grundton aufhören (zum Beispiel „Häschen in der Grube"). Das Baby versteht schon die Bedeutung häufig verwendeter Wörter, obwohl es sie noch nicht sprechen kann.

Singen und einfache Vokalisationen sind für Kinder in diesem Alter interesssanterweise einfacher und erfreuen sich größerer Beliebtheit, als die Artikulation von Wörtern. Günstig ist es, wenn die Lieder mit Bewegungen durchgeführt und sie durch die spielerische Umsetzung das gemeinsame Bewegen interessant gestaltet werden.

Zwischen dem zehnten und zwölften Monat verlieren die Babys die Fähigkeit, Laute zu unterscheiden, die von ihrer Muttersprache abweichen. Sie konzentrieren sich auf die auditive Wahrnehmung der charakteristischen Artikulationen ihrer Muttersprache.

Kinder, die in dieser Phase Gehörtes zu einem späteren Zeitpunkt wiederholen, haben einen kognitiven Entwicklungssprung gemacht. Diese so genannte verschobene Nachahmung zeigt, dass die Kinder eine innere Vorstellung oder Erinnerung an schon erlebte Aktivitäten besitzen.

Methoden und Umsetzungsformen:

- Einfache Spiellieder für Babys haben einen geringen Tonumfang und zeichnen sich durch viele Wiederholungen (etwa „Summ – summ – summ"), wenige Strophen und pro Textsilbe einen Ton aus.
- Experimentieren Sie mit Glöckchen, Rasseln und anderen einfachen Instrumenten und Materialien.
- Bestärken Sie die imitatorischen Vokalisationen von Sprachmustern und Melodien des Kindes.
- Lieder und Reime können auch als „Fußsteher" auf Ihren Füßen gesungen und gesprochen werden.

12 bis 24 Monate

Das Kleinkind versucht immer häufiger, Laute und Bewegungen mit der Musik und dem Liedtext gemeinsam umzusetzen, und es macht gern einfache Bewegungen zum Lied.
Ab ca. 18 Monaten ist das Kind in der Lage, kurze Melodien und Lieder genau nachzuahmen und das Gehörte mit der Stimme schon relativ gut zu koordinieren. In der Regel lernt es erst im Laufe des zweiten Lebensjahres, den sprachlichen Inhalt vollständig zu verstehen. Trotzdem ist es im Laufe dieses Jahres bei entsprechender musikalischer Förderung in der Lage, auch eigene Melodien zu erfinden oder mit Bekanntem zu vermischen.
Ebenfalls entwickelt das Kind eine gute Koordination von Bewegung und Grundschlag zur Musik, da es sowohl beidhändig auf einer Trommel oder auf zwei Klangbausteinen zu spielen lernt, als auch mit Begeisterung zu rhythmischer Musik in einem gleichförmigen Tempo zu tanzen.
Das Kind erkennt verschiedene Tonlagen, wie hoch und tief, und Tempi, wie schnell und langsam. Dadurch ist es ihm möglich, einfache Bewegungsformen zu erhören und in Beziehung zum Beispiel zu einem Tier setzen (rasche hohe Töne sind das Trippeln einer Maus, langsame tiefe Töne sind das Tapsen eines Bären).
Ist das Kleinkind sicherer im Gehen geworden, kann es schon einen seitlichen Anstellschritt mit Handfassung zu einem Tanz machen.
Das serielle Denken entwickelt sich weiter, und das Kleinkind ist mit ca. 24 Monaten in der Lage, an einfachen Klanggeschichten und Begleitungen zu Liedern und Reimen mitzuwirken. Es lernt dabei, auf seinen Einsatz zu warten und sich die Abfolge zu merken.

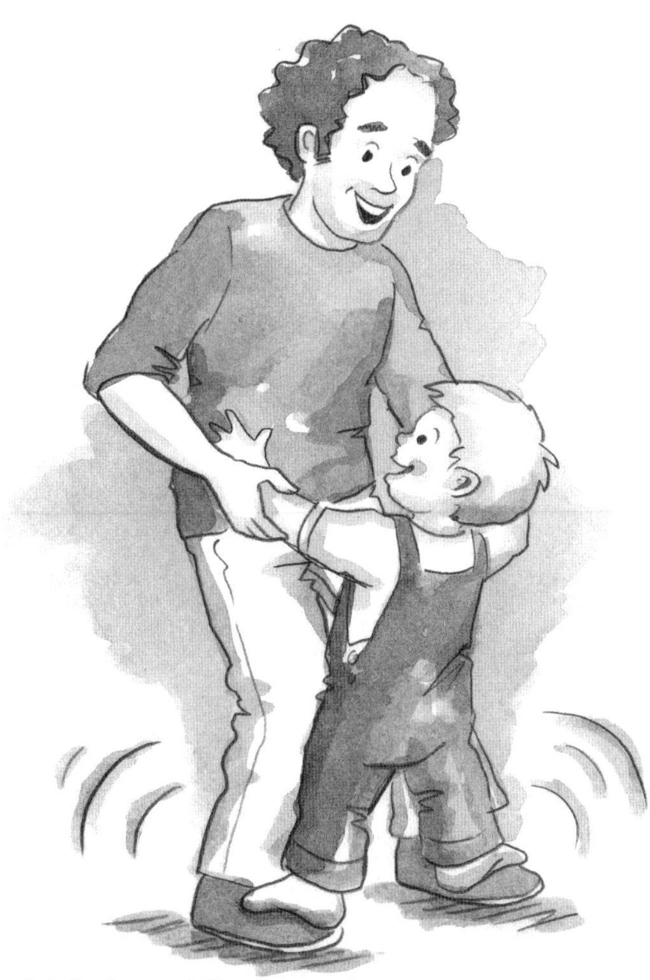

Methoden und Umsetzungsformen:

- Kinder lieben die Spiel- und Umsetzungsformen vorangegangener Entwicklungsstufen.
- Kann das Kind laufen, sind elementare Bewegungs- und Tanzdarstellungen möglich.
- Der grobmotorische Einsatz von Materialien (etwa ein Chiffontuch) unterstützt die Bewegungsfreude des Kindes.
- Zur Musik oder einem Lied kann sich das Kind auf altersgerechten Instrumenten (beispielsweise Handtrommeln, Rasseln, Glöckchenstab) begleiten.
- Ab ungefähr 20 Monaten können Kinder mit beiden Händen abwechselnd auf einer Trommel schlagen und ein Lied im Grundschlag begleiten.

24 bis 36 Monate

In diesem Alter erkennt das Kind musikalische Motive wieder und kann mit entsprechenden Bewegungen darauf reagieren. Es lernt, seine Bewegungen (zum Beispiel bei Musikstopp) anzuhalten und reagiert relativ sicher auf raschere und langsamere Musik mit dem entsprechenden Tempo.
Sein emotionales Empfindungsspektrum in Bezug auf Musik prägt sich ebenfalls aus, da es fröhliche oder traurige Musik aufgrund des Tempos, des Klangs und der Tonlage erkennt und bei entsprechender Förderung auch Klänge den jeweiligen Instrumenten zuordnen kann.
Bis in das Vorschulalter hinein lieben Kinder vor allem Lieder, die durch Refrain und einen einfachen Rhythmus geprägt sind und bei denen pro Silbe ein Ton gesungen wird. Die Kinder sind immer besser in der Lage, einfache Lieder nachzusingen und kurze Reime zu wiederholen.
Sie werden immer selbstständiger und erobern sich den Raum, indem sie seitwärts und rückwärts zu gehen lernen.

Methoden und Umsetzungsformen:

- Kinder lieben weiterhin die Spiel- und Umsetzungsformen vorangegangener Entwicklungsstufen.
- Sie sind zusätzlich in der Lage, sich Spieleinsätze zu einfachen Klanggeschichten in Lied- oder Reimform zu merken und bewusst einzusetzen.
- Hand- und Fingerspiele werden mit großer Aufmerksamkeit motorisch nachgeahmt, das Mitsprechen kann noch nicht erwartet werden.

Die Kinder besitzen ein großes Durchhaltevermögen, wenn ihnen Bewegungslieder und Reime, die eine Geschichte erzählen, in abwechslungsreichen Bewegungsformen und Varianten angeboten werden.
Die Kinder haben einen starken Bewegungsdrang, der durch kindgerechte Bewegungsmusik (selbst gespielt und situationsgerecht oder von Tonträger) auf spielerische Weise kanalisiert wird.

Mit Babys und Kleinkindern musizieren

(Sabine Hirler)

Mit Babys sprachlich sowohl als auch musikalisch zu kommunizieren, scheint dem Menschen als genetisches Programm mitgegeben zu sein. Viele Eltern und ErzieherInnen kennen bewährte Kniereiter und Krabbelreime noch aus ihrer Kindheit, und sie erreichen damit auch jetzt ein Lachen des Kindes und können einen intensiven Kontakt mit ihm herstellen. Pädagogische Fachkräfte, aber auch Eltern sollten musikalische Angebote bewusst im Umgang mit Babys und Kleinkindern einsetzen und diese unter pädagogischen und methodisch-didaktischen Gesichtspunkten reflektieren.

Dazu möchte ich beitragen: Nachdem wir in Kapitel 5 die Förderbereiche, Entwicklungsstufen und Umsetzungsmöglichkeiten kennen gelernt haben, stelle ich im Folgenden eine fachliche Reflexion zum Einsatz von Musik dar.

Funktion und Wirkung der Musik

Da musikalische Aktivitäten bei Babys immer untrennbar mit einer Funktion oder Wirkung verbunden sind, ist die nachfolgende Auflistung eine Kombination aus musikalischen Formen und ihrer Funktion und Wirkung:

- Wiegen- oder Schlaflieder, die beruhigend wirken;
- Trostlieder, bei denen das Kind körperliche Nähe sucht;
- Lieder, die lustig sind und unterhalten;
- Lieder, die sich auf die Tageszeit beziehen oder den Jahresablauf darstellen;
- Lieder, die gemeinsam gespielt und mit Bewegungen begleitet werden und das Gemeinschaftsgefühl stärken (wie Kose- und Necklieder, Kniereiter);
- Musik, die Kinder zur Bewegung anregt oder zur Entspannung;

Einfache Instrumente wie Trommeln, Glöckchen und Rasseln, die das Kind zur eigenständigen Klang- und Geräuschproduktion anregen.

Einsatz zu Hause und in einer Einrichtung

In spontanen Alltagssituationen

Nehmen wir an, es regnet, und das Kind staunt über die Tropfen, die an die Fensterscheibe klopfen. ErzieherIn, Eltern oder andere Bezugspersonen beginnen nun einen Spielreim oder ein Spiellied zum Regen zu sprechen und mit den Fingerspitzen die Regentröpfchen auf den Körper des Kindes zu tippen. Sprache und Bewegung, Melodie und Zuwendung sind die Ebenen, die es zu einer gesunden Entwicklung benötigt, wenn seine Grundbedürfnisse nach Nahrung, Wärme und Sauberkeit erfüllt sind. Dabei erfährt das Kind auf seiner Entwicklungsstufe zusätzlich eine intensive Begegnung mit seiner jeweiligen Kultur, die Sprache, Musik und Bewegungsformen und Tänze beinhalten.

Als Ritual im Tagesablauf

Zu Hause kann während des Wickelns ein Lied angestimmt werden, das Baby erlebt dies als festen Bestandteil der täglichen Pflege – ähnlich wie das beruhigende Lied vor dem Einschlafen. Dabei ist es sinnvoll, immer dieselben Lieder zu singen, da die Wiederholung dem Kind Sicherheit und eine Struktur im Tagesablauf vermittelt, schließlich besitzt es ja noch kein Zeitempfinden wie ein älteres Kind. In einer Kinderkrippe sind Lieder zur Strukturierung des Tagesablaufes genauso sinnvoll und wichtig wie zu Hause!

Jahreszeitliche Angebote

Wie selbstverständlich werden an Weihnachten Weihnachtslieder gesungen, und schon Babys hören diese Lieder. Auch wenn das Verständnis für Weihnachten noch nicht vorhanden sein kann, werden kleine Kinder die Lieder und Erlebnisse dazu speichern, im darauf folgenden Jahr auf ihrer bis dahin erreichten Entwicklungsstufe abrufen und mit den neu gewonnenen Fähigkeiten umsetzen.

Ein viermonatiger Säugling hört das Weihnachtslied: „Kling Glöckchen Klingelingeling". Er kann natürlich den Text ebenso wenig verstehen wie den Bezug zum Fest. Das Baby freut sich einfach darüber, dass die Eltern ihm zum Beispiel ein Handglöckchen geben, und es genießt das Klingeln, lacht und strampelt dazu.

Ein Jahr später tanzt es als Kleinkind mit dem Glockenstab in der Hand zum Lied in einem für dieses Alter typischen Weise umher, indem es sich mit dem Oberkörper gleichförmig hin- und herbewegt und ab und zu das eine oder das andere Beinchen hebt.

Wenn Sie es nicht schon längst praktizieren: Bieten Sie doch auch zu anderen Jahreszeiten dem Baby und dem Kleinkind passende Lieder an. ErzieherInnen und Eltern tauschen sich auf dem Elternabend aus, was in der Einrichtung gesungen wird und welche Lieder zu Hause angestimmt werden. Das Kind erkennt die Lieder wieder und kann in der Sicherheit der Wiederholung seine bis dahin erworbenen Kompetenzen im Bereich Sprache, Gesang, motorische Koordination, Sozialverhalten einbauen. Und das vermittelt ihm die Gewissheit, dass die Jahreszeiten immer wieder kommen, dass auf Frühling Sommer und auf den Herbst der Winter folgt.

Thematische Angebote

Hase, Katze, Kuh, Schaf, Ziege und andere Tiere aus dem näheren Umfeld, die das Kind sehen und vielleicht berühren kann, eignen sich auch schon im Alter ab ca. vier Monaten für musikalische Spielformen. Kuscheltiere und das passende Lied, zum Beispiel „Häschen in der Grube“, können das Erlebnis mit einem echten Tier ergänzen und verstärken. Ein Blumenlied erinnert nicht nur an das Gänseblümchen, das es gestern entdeckt hat, sondern ist auch gut für die Frühlings- und Sommerzeit geeignet.

Gruppensituationen

In Krabbelgruppen, PEKiP-Kursen, Musikangeboten für Babys, in der Kinderkrippe oder bei Tagesmüttern treffen sich mehrere Kinder in einer Gruppe, und sie werden entweder – weil die Eltern mit dabei sind – eins zu eins oder (in Kinderkrippe und Tagespflege) zu mehreren betreut.

Immer benötigen musikalische Angebote für Babys und Kleinkinder einen zeitlichen Rahmen. Der liegt für eine aktive Spielphase bei der Eins-zu-Eins-Betreuung zwischen fünf und 30 Minuten. In der Kinderkrippe und Tagespflege spielen die Betreuer und PädagogInnen mit jedem Kind einzeln und können dadurch weniger verschiedene Angebote nacheinander anbieten, da die Wiederholung eine entsprechend lange Zeit benötigt. Trotzdem werden die Kinder in der Krippe über einen längeren Zeitraum konzentriert sein, da sie das Lied mehrmals hören, auch wenn der direkte Spielkontakt mit der Erzieherin fehlt. Die Erzieherin singt und spielt ja mehrmals das Lied mit weiteren Kindern. Allerdings muss die Erzieherin häufig ihre Aufmerksamkeit auf mehrere Kinder verteilen, weil alle mitspielen oder Zuwendung bekommen möchten. An dieser kurzen Situationsbeschreibung wird deutlich, wie anspruchsvoll die Arbeit mit Babys ist; schließlich muss auf aktuelle Bedürfnisse direkt reagiert werden – das Kind besitzt nämlich noch keine Frustrationstoleranz.

Um die Aufmerksamkeit der Babys und Kleinkinder zu bündeln, ist es wichtig, die Lieder und Reime mit einfachen Materialien und Instrumenten zu ergänzen und auf abwechslungsreiche Weise umzusetzen (mal geheimnisvoll, mal lustig, mal schnell, mal langsam …).

Singen, Tanzen, Bewegen

Singen Tanzen und überhaupt Bewegung sind die Methoden, über die aktiv mit dem Baby und Kleinkind musiziert wird.

Singen
Wir haben in Kapitel 5 gelernt, dass Babys den Gesang direkt und ungefiltert aufnehmen. Da wir mit der eigenen Singstimme auf einer vorsprachlichen Ebene mit dem Kind kommunizieren, ist es besonders wichtig, dass sich der Erwachsene beim Singen wohlfühlt. Das teilt sich dem Baby mit und nur dann fühlt es sich ebenfalls behaglich.
Die Stimmhöhe der Lieder ist für das Kind noch nicht von allzu großer Relevanz, da es erst in der zweiten Hälfte seines ersten Lebensjahres in der Lage ist, Musik in Fragmenten zu imitieren. Trotzdem reagieren Babys auf hohe Stimmen direkter und freudiger als auf tiefe. Vielleicht ein Grund dafür, dass Väter mit Babys oftmals im Falsett (höhere Stimmlage) singen und sprechen.
Kleinkinder beginnen nicht nur die Lieder zu imitieren, die ihnen das soziale Umfeld „zur Verfügung" stellt, sie machen auch die Tonhöhe nach. Bezugspersonen, die in hoher Lage singen, erleichtern es den Kindern, ihre natürliche Singlage zu finden.

Tanzen, Bewegen
Jeder musikalischen Äußerung, sei es Instrumentalmusik, Lieder oder Reime, liegt eine gleichmäßige Pulsation zu Grunde. Diese Pulsation ist ohne Betonung und wird Grundschlag genannt. Babys und Kleinkinder reagieren auf diese Pulsation mit gleichmäßigen Wippbewegungen. Sie nehmen das Tempo der Pulsation auf und patschen auf den Tisch, halten sich am Stuhl fest und wippen mit dem Hinterteil, sie nehmen den Löffel und schlagen ihn im Grundschlag auf den Boden.
Babys lieben es, wenn sie auf dem Arm getragen und mit ihnen zur Musik getanzt wird, so dass sie den Grundschlag über den Erwachsenen direkt spüren und für immer in ihrem Gedächtnis abspeichern können. Wird ein Walzer (Dreivierteltakt) gesungen oder gespielt, so freut sich das Baby besonders, wenn der Erwachsene mit ihm schwingend durch den Raum tanzt.
Wissenschaftliche Ergebnisse haben belegt, dass Rhythmusgefühl schon im Babyalter durch das gemeinsame Tanzen zur Musik oder zu einem Lied angelegt wird.

Instrumente und Materialien

Instrumente und Materialien für Babys sind sehr einfach. Alle Kleinen lieben Glöckchen und Rasseln. Spielen sie mit diesen Instrumenten, so sind sie in den ersten vier Lebensmonaten freudig erstaunt, dass diese Geräusche zu hören sind. Sie können die Geräusche und Klänge erst im Laufe der Zeit in einen kausalen Zusammenhang mit ihrer eigenen Bewegung bringen.
Sobald das Baby in der Lage ist, sich selbstständig im Grundschlag der Musik in irgendeiner

Weise zu bewegen, kann es dies auch mit einem Instrument umsetzen. Klanghölzchen sind hier zu nennen; sie lassen sich jedoch der Einfachheit halber auch durch Kochlöffel ersetzen.
Ein sehr schönes Instrument speziell für Babys und Kleinkinder ist das so genannte Handglöckchen: ein ca. 10 cm langer Holzstab, an dessen Ende ein Schellenglöckchen befestigt ist. Das Handglöckchen ist gleichzeitig als Glöckchen und Klanghölzchen einzusetzen.

Stabile Kartons können eine Trommel ersetzen. Tücher zum Verstecken, Verkleiden und zum Streicheln dienen als angenehme Ergänzung. Auch die Verwendung von Papprollen zum Hineintröten oder Aufeinander-Klopfen zeigt, dass es eigentlich genügend Materialien aus dem alltäglichen Umfeld gibt, die den Babys für erste Klangerfahrungen ausreichen. (S. auch S. 38 f.)

Die nachfolgende Material- und Instrumentenliste soll Anregungen für den Einsatz im Alltag mit den Kindern geben.

Materialien
Chiffontücher, Igelbälle, Hoops (ca. zwanzig 30 bis 40 cm lange Bänder an einen Holz-oder Plastikring knoten), kleines Schwungtuch (Durchmesser 1,75 m), unbedenkliche Naturmaterialien zum Tasten und Spüren, Plastikbecher zum Aneinander-Klopfen.

Instrumente
Glockenstab/Handglöckchen, Rasseln, Shaker, Klanghölzchen, Klappern oder Klappköpfe, Mini-Maracas, Schellenstab, Schellenrassel, Trommeln ohne Stimmschrauben (Floor-Tom oder Holzrahmentrommel, Durchmesser ca. 20 cm), Schüttel-Eier, Meerestrommel (im Kleinformat Durchmesser 17 cm), Kastagnetten (zum Beispiel in Schmetterlingsform aus Holz), Regenmacher, Glockenbänder für Arme und Beine, Senplates, Sixflats, einfache Holzblocktrommel (möglichst warmer Klang).
Bestelladressen im Anhang, S. 71

Ermunterungs- und Entspannungsmusik – vom Profi angerichtet

Musik selber zu machen, mit der eigenen Stimme oder mit Instrumenten macht Spaß, bringt Freude und Abwechslung in das Leben mit Baby und Kleinkind, wie wir in den vorhergehenden Kapiteln gesehen haben. Und manchmal ist es auch schön, sich etwas vorspielen zu lassen. Ausgewählte Musik aus der „Konserve" kann Sie anregen zu Spiel und Bewegung oder aber auch zum Träumen und Entspannen, ganz für sich allein, mit dem Baby, mit dem Partner/der Partnerin, den KollegInnen zusammen. Das Zusammensein mit einem Baby oder Kleinkind kann anstrengend, manchmal auch ermüdend sein: Lassen Sie sich verwöhnen von der Musik auf der CD. Wir haben Ihnen eine bunte Palette sehr unterschiedlicher Musikstücke zusammengestellt: Bedienen Sie sich nach Geschmack und Bedarf. Natürlich können Sie die CD einfach für sich und für das Kind abspielen und sich von der Musik bei anderen Tätigkeiten begleiten lassen. Darüber hinaus möchten wir Sie dazu anregen, die Musik kreativ zu nutzen.

- Suchen Sie Schlaf- und Tröstelieder? Nr 1, 2 und 3 helfen Eltern und Kind ruhig zu werden.

Steht Ihnen der Sinn nach Tanz und Bewegung? Nr. 4, 9 und 10 fordern Sie dazu auf.

- Möchten Sie sich und Ihrem Baby eine Geschichte erzählen lassen? Die „Einhorn-Vögel" (Nr. 5), „Eine sehr alte Melodie" (Nr. 6) und „Der Wasserlurch" (Nr. 8) laden Sie zu Fantasiereisen ein.
- Massagen sind noch angenehmer mit Musik. Das „Wasserspiel" (Nr. 11) lässt Bewegungen ruhiger fließen.
- Und zum Schluss das Lied der sieben Meere (Nr. 12): zum Zuhören und Entspannen.

Vielleicht entwickeln Sie aber auch ganz andere Ideen …

Luleise, still mein Kind …

Beruhigende Lieder zum Summen und Singen (auf der CD Nr 1, 2, 3)

Sich zum Mittagsschlaf hinzulegen oder vom Tag zu verabschieden, fällt Kindern leichter, wenn sie diesen Schritt in der beruhigenden Sicherheit gewohnter Rituale tun.

Die Welt geht zur Ruh …

Nach der Mittags- oder Abendmahlzeit, die in möglichst ruhiger Atmosphäre stattfinden sollte, wird das Kind gewickelt und bekommt seinen Schlafanzug an. Dann verabschieden Sie sich gemeinsam von der Welt draußen. Dazu kann gehören: den Sternen und dem Mond gute Nacht zu sagen, den Wolken ein „tschüss" hinterherzuwinken; oder auch gemeinsam die Schlaflieder von der CD zu hören. Danach tragen Sie das Kind in sein Bett, kuscheln es ein, streichen ihm noch einmal sacht über den Körper vom Kopf bis zu den Füßen. Und dann hüllt noch Ihre Stimme das Baby ein, begleitet es in das Abenteuer des Schlafens. Singen Sie die Lieder noch einmal. Vielleicht wird Ihre Stimme dabei immer leiser, bis Sie schließlich schweigen. Verlassen Sie den Raum nicht unbedingt erst dann, wenn das Kind eingeschlafen ist. Es könnte die paradoxe Situation entstehen, dass es nicht einschlafen möchte, weil es weiß, dass Sie dann gehen. Niemand anders als das Kind selbst kann den Weg in den Schlaf finden. Sie können es ein Stück begleiten, aber den letzten Schritt tut es allein, auch wenn es noch ganz klein ist.

Anregung: Wenn der Sandmann kommt

Eingeleitet von Herztongeräuschen und Babystimmen werden vier Schlaflieder angesummt. Diese Lieder helfen Kindern schon seit vielen Generationen, in den Schlaf zu gleiten. Summen Sie mit, erinnern Sie sich an die Melodien aus Ihrer Kinderzeit. Sie wissen nur noch einige Textzeilen? Hier finden Sie sie vollständig abgedruckt in der Reihenfolge, wie sie auf der CD angestimmt werden.

Schlaf, Kindlein schlaf

Schlaf, Kindlein, schlaf,
der Vater hüt die Schaf,
die Mutter schüttelt 's Bäumelein,
da fällt herab ein Träumelein,
schlaf, Kindlein, schlaf.

Schlaf, Kindlein, schlaf,
am Himmel ziehn die Schaf!
Die Sternlein sind die Lämmerlein,
der Mond, der ist das Schäferlein,
schlaf, Kindlein, schlaf.
(*Volksweise, Text aus:*
„Des Knaben Wunderhorn“)

Guten Abend, gut' Nacht

Guten Abend, gut' Nacht,
mit Rosen bedacht,
mit Näglein besteckt,
schlupf unter die Deck:
Morgen früh, wenn Gott will,
wirst du wieder geweckt,
morgen früh, wenn Gott will,
wirst du wieder geweckt.

Guten Abend, gut' Nacht,
von Englein bewacht,
die zeigen im Traum
dir Christkindleins Baum:
Schlaf nun selig und süß,
schau im Traum 's Paradies,
schlaf nun selig und süß,
schau im Traum 's Paradies,
(*Musik: Johannes Brahms, 1833–1897,*
Text: überliefert)

Weißt du, wie viel Sternlein stehen

Weißt du, wie viel Sternlein stehen
an dem blauen Himmelszelt?
Weißt du, wie viel Wolken gehen
weithin über alle Welt?
Gott der Herr hat sie gezählet,
dass ihm auch nicht eines fehlet
an der ganzen großen Zahl,
an der ganzen großen Zahl.

Weißt du, wie viel Mücklein spielen
in der heißen Sonnenglut,
wie viel Fischlein auch sich kühlen,
in der hellen Wasserflut?
Gott der Herr rief sie mit Namen,
dass sie all ins Leben kamen,
dass sie nun so fröhlich sind.

Weißt du, wie viel Kinder frühe,
stehen aus ihrem Bettlein auf,
dass sie ohne Sorg und Mühe
fröhlich sind im Tageslauf?
Gott im Himmel hat an allen
seine Lust, sein Wohlgefallen,
kennt auch dich und hat dich lieb.
(*Volksweise, Text: Wilhelm Hey, 1789–1854*)

Die Blümelein, sie schlafen

Die Blümelein, sie schlafen schon
längst im Mondenschein,
sie nicken mit den Köpfchen
auf ihren Stängelein.
Es rüttelt sich der Blütenbaum,
er säuselt wie im Traum:
Schlafe, schlafe, schlaf ein,
mein Kindelein.

Die Vögelein, sie sangen so süß
im Sonnenschein,
sie sind zur Ruh gegangen
in ihren Nestchen klein.
Das Heimchen in dem Ährengrund,
es tut allein sich kund.

Sandmännchen kommt geschlichen
und guckt durchs Fensterlein,
ob irgendwo ein Liebchen
nicht mag zu Bette sein,
und wo er noch ein Kindchen fand,
streut er ins Aug ihm Sand.
(*Heinrich Isaak um 1490, zuerst gedruckt: 1840*)

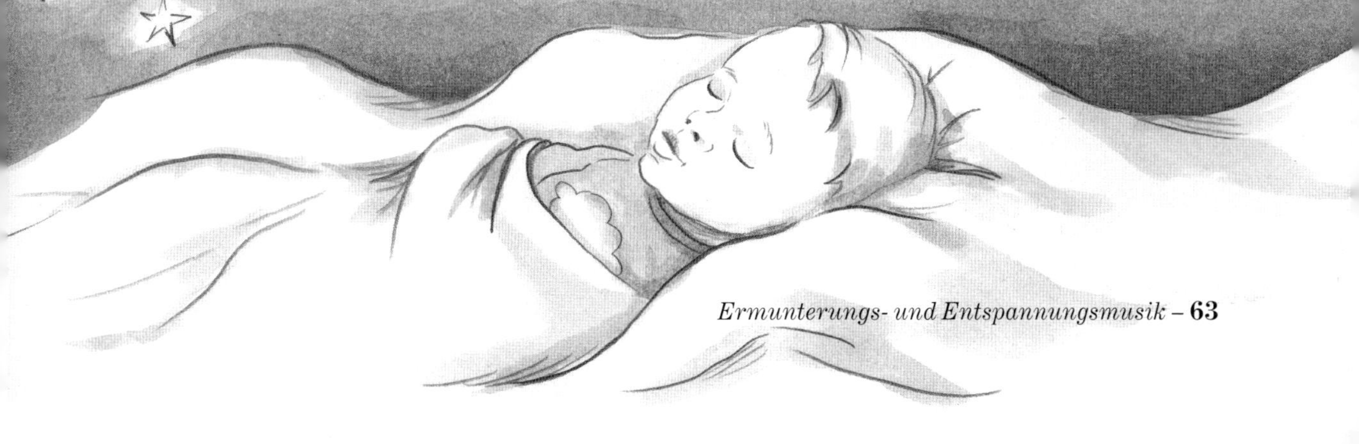

Anregung: Oskars Bambula ◉ Nr. 2

„Eia popeia“ ist ein Wiegenlied, wie es schon lange gesummt und gesungen wird. Heia bezeichnet in der Kindersprache die Wiege oder das Bett. Popeia ist das zum Reim veränderte Wort Puppe. Hartmut Höfele hat es seinem Sohn Oskar gewidmet. In langen Nächten hat er ihm zu der traditionellen Melodie Nonsenstexte vorgesungen. Ob er für richtige Texte selbst zu müde war?
Dichten Sie doch einmal selbst weiter, es ist gar nicht schwer.
Oder nehmen Sie die folgenden Reime:

Eia popeia, die Welt geht zur Ruh.
Eia popeia, nun schlafe auch du

Eia popeia, der Mond schaut uns zu.
Eia popeia, ich deck dich gut zu.
(Text: Margarita Klein)

Oder spielen Sie mit Lautmalereien:
Eia popeia, bambula, bambu.
Eia popeia, bambula, bambu.
Dieses Stück ist auch ein schönes Tröstelied.

Wenn ein Baby schreit, brauchen auch die Eltern Trost. Marco Aldiger erzählt dazu folgende Geschichte:
„Ein Mann wiegt sein schreiendes Kind, sagt dabei fortwährend: ‚Ruhig, Moritz, ruhig, Moritz‘. Jemand beobachtet das und spricht den Vater an: ‚Sie sind aber geduldig mit Ihrem Kind, was hat denn der kleine Moritz?‘ Der Vater antwortet: ‚Er heißt nicht Moritz, Moritz, das bin ich‘“.
(Nach Berendt 2007).
Viele Kinder und ihre Eltern leiden in den ersten drei Monaten unter allabendlich wiederkehrendem Geschrei. Nichts scheint zu helfen, es muss geschrien werden. Eltern sind verzweifelt, die Ratschläge von wohlmeinenden Freunden, Nachbarn und Verwandten haben nichts genützt. Manchmal ist es dann die beste Lösung, nichts weiter zu tun als sich selbst zu beruhigen.

Anregung: Beruhigungslied

Singen Sie sich und ihrem Baby etwas vor. Halten Sie es im Arm, stärken Sie ihm den Rücken, indem Sie selbst ruhig atmen, und singen Sie, das beruhigt Sie selbst und das Baby gleichermaßen.

Eia popeia, das geht bald vorbei.
Wenn du erst groß bist, dann lachen wir zwei.

Eia popeia, ich bin ja bei dir
und alle Engel, die helfen mir.

Eia popeia, siehst du sie dort stehen?
Hörst du sie singen, und weißt du für wen?

Eia popeia, sie kommen zu dir,
wenn wir sie brauchen, sind sie alle hier.
(Text: Margarita Klein)

Anregung: Siesta / Likadelle ◉ Nr. 3

Lassen Sie sich vom Zirpen der Grillen im Hintergrund in eine warme, wohlige Mittagschlafstimmung versetzen (Siesta am Mittelmeer) und von Dorle Ferber dazu ohne Worte eine Geschichte vorsummen. Summen, säuseln, brummeln Sie mit!
Natürlich funktioniert das ebenso gut bei den Kleinen …

Bewegung tut gut

Wie wäre es mit ein wenig Morgengymnastik? Die Stücke Nr 4, 9 und 10 laden ein zu Tanz und Bewegung. Das kann schon ein Teil Ihrer täglichen Rückbildungsgymnastik sein. Nehmen Sie noch die Übung „Das Wecken der Lebensgeister“ von S. 37 dazu, und schon haben Sie gleichzeitig sich selbst und dem Kind etwas Gutes getan. Und gemeinsam mit KollegInnen und Kindern in der Einrichtung tun Tanz und Bewegung ebenfalls gut.

Anregung: Ein Morgentänzchen / Le petit reveille ◉ Nr. 4

Tanzen Sie mit Ihrem Kind ein Tänzchen …
Halten Sie es mit entspannten Schultern an Ihren Bauch gedrückt, ziemlich tief unten, so dass es von den Bewegungen Ihres Becken mitgenommen wird.
Dorle Ferber klappert, singt und jault dazu.
Klipp di klapp di klipp di klapp
Uhu, uhuhuhu …

Anregung: Der Karawane Folgen / Dideri Sax ◉ Nr. 9

Zu Hause: Stehen Sie zunächst aufrecht, Ihre Knie bleiben weich und durchlässig dabei, lassen Sie Ihre Schultern locker, der Kopf sitzt als Krönung obendrauf.
Nehmen Sie das Kind mit entspannten Armen dicht an den Körper, tief vor Ihr Becken.
Die Karawane zieht durch das Land, sie folgen ihr mit weichen, wiegenden Schritten.

Dabei setzen Sie Ihre Füße flach auf den Boden und schaukeln Ihr Becken.
Lassen Sie Ihr Kind den Rhythmus hören und gleichzeitig in den Bewegungen Ihres Körpers spüren.

In der Kindergruppe: Zeigen Sie den Kleinen, wie die Kamele (eigentlich heißen sie Dromedare) schaukelnd vorwärts gehen. Alle dürfen erst einmal allein üben, und dann setzt sich die Karawane in Bewegung, mit Ihnen als „Leittier" – durch die Räume der Einrichtung, und zwar so lange, bis Sie laut „Haaalt!" rufen und die Dromedare in der Oase Wasser trinken und sich ausruhen dürfen.

Anregung: Die große Wiege / Schaukeln & wiegen ◉ Nr. 10

Legen Sie sich auf den Rücken, winkeln Sie die Beine an und heben Sie sie hoch. Ihre Oberschenkel stehen jetzt senkrecht, die Unterschenkel waagerecht. Legen Sie Ihr Kind auf Ihre Unterschenkel. Fassen Sie seine Hände. Zu den Klängen der Musik schaukeln Sie hin und her, heben das Kind mit Ihren Unterschenkeln höher, lassen es wieder sinken, ziehen es zu sich heran oder schieben Ihre Knie mitsamt dem Kind weiter von sich weg. Wiegen Sie sich und Ihr Kind, indem Sie auf dem Kreuzbein hin und her rollen.
Spielen Sie mit der Musik, mit der Bewegung, mit verschiedenen Richtungen und Geschwindigkeiten. Die Musik lässt Ihnen viel Freiheit dabei.

Fantasiereisen beflügeln

Tagträume, kurze Ausflüge in das Land der Fantasie schaffen erholsame Nischen im Alltag. Hier ist alles möglich, Ihre innere Welt ist ganz nach Ihren Wünschen gestaltet.
Stellen Sie die Musik nicht zu laut, das könnte Abwehr hervorrufen. Es ist gut, wenn Sie ein bisschen hören, horchen müssen. Spitzen Sie Ihre Ohren, um die Töne zu erreichen.

Anregung: Klänge entdecken / Einhorn-Vögel ◉ Nr. 5

Tun Sie doch einmal gar nichts. Sitzen Sie oder liegen Sie bequem, horchen Sie mit Ihrem Baby gemeinsam auf die vielen unterschiedlichen Klänge. Erlauben Sie diesen Klängen, Sie zu umspielen, sie einzuhüllen. Öffnen Sie Ihre Ohren weit,

ganz weit, nehmen Sie die Musik auf: Das Zwitschern der Vögel führt Sie in einen lichten Wald, mit den hellen Klängen des Pianos und der verschiedenen Flöten von Biber Gullatz begegnen Ihnen freundliche Fabelwesen …

In der Kindergruppe können Sie den Kleinen erzählen, wie die Musik uns in einen Wald führt, auf das Laub zaubert die Sonne ganz viele Lichterpunkte, und dort oben sitzt ein fröhlich pfeifendes Amselmännchen auf dem höchsten Zweig …

Anregung: Fantasiereise / Eine sehr alte Melodie ⦿ Nr. 6

Machen Sie es sich bequem und schließen Sie die Augen.

Mit jedem Atemzug können Sie sich noch etwas weicher auf Ihre Unterlage kuscheln.

Und folgen Sie mir auf eine kleine Reise.

Stellen Sie sich vor, Sie wandern durch eine Landschaft mit grünen Hügeln.

Sie spüren unter Ihren Füßen das Gras, auf dem Sie wandern.

Ein leichter Wind umspielt Sie und trägt den Duft des nahen Meeres heran.

Vögel zwitschern, Insekten summen.

Die Sonne scheint warm auf Ihre Haut.

Aus der Ferne hören Sie Musik.

Angezogen von diesen Klängen gehen Sie in die Richtung, aus der die Klänge kommen.

Immer weiter folgen Sie der Musik, bis Sie ganz nah sind.

Da entdecken Sie, verborgen in einem weiten Kreis von Büschen, eine Gruppe von Feen.

Sie singen und flöten ihre uralten Melodien.

Sie singen von der Erde, in deren Schoß sie sicher und geborgen wohnen, ihr ganzes langes Leben lang.

Und sie singen vom Licht der Sonne,
das sie umhüllt,
das ihnen Licht und Wärme gibt.
Vom Spiel der Sonnenstrahlen
und vom Spiel der Farben in den Wassertropfen des Taus am Morgen
und von dem Regenbogen, der sich am Wasserfall bildet.

Sie hören ihnen lange zu, und die Freude dieses alten Volkes an der Schönheit der Erde und an

ihrer Beständigkeit erfasst auch Sie.
Singend und tanzend verschwinden die Feen, eine nach der anderen in einem verborgenen Spalt des Hügels.
Mit leichtem Bedauern kehren Sie zurück in das Dorf, in dem Sie Ihre Wanderung begonnen haben.
Sie erzählen den Leuten im Dorf davon, dass Sie die Feen gehört und gesehen haben.
Ihre Geschichte löst große Freude aus.
Denn es geht eine alte Sage, dass immer wenn sich die Feen einem Menschen zeigen, ein gutes, friedliches Jahr beginnt.

Räkeln Sie sich gründlich nach Abschluss der Reise!

Anregung: Fantasiereise Der Wasserlurch ⦿ Nr. 8

Sie hören Klangschalen und Gongs. Ein Saiteninstrument, Blubbertöne mit Strohhalm und Wasserglas und Hartmut Höfele als brummelnder Wasserlurch vervollständigen das Orchester.
Dazu möchte ich Ihnen die folgende Geschichte erzählen:
Beim Spielen im Wald entdeckt ein Kind eine Quelle.
Es setzt sich hin und blickt ins Wasser.
Auf dem Grund sieht es ein seltsames Wesen:
Es ist ein uralter Wasserlurch, der schon seit undenkbar langer Zeit in dieser Quelle lebt.
Ruhig ist es hier, Zeit ist ein großer Reichtum.
Ab und zu fällt ein Sonnenstrahl in das dunkle Wasser, scheint bis auf den Grund.
Luftblasen steigen auf.
Das quellende Wasser plätschert davon.
Der alte Wasserlurch lässt sich an die Oberfläche treiben.
Die Sonne scheint warm auf seinen Rücken und er grunzt vor Behagen.
Das Kind sitzt still und schaut ihm zu, lange Zeit, und es wird ganz ruhig dabei.

Massage: Berührung in ständigem Fluss

Massagen sind besonders in der Schwangerschaft, aber auch nach der Geburt wohltuend und später immer dann, wenn Ihnen und Ihrem Partner danach ist. Sie bauen Stress und Ängste ab, lindern Beschwerden und stärken die Beziehung zueinander.

Babys lieben die zarten Berührungen von Hand zu Haut (s. S. 24 f.) und kleine Kinder auch!

Musik mit fließendem Rhythmus und weicher Melodie hilft beiden Partnern, sich aufeinander einzuschwingen.

Anregung: Der Fluss des Lebens / Wasserspiel ◉ Nr. 11

Eine Person liegt entspannt auf der Seite, die andere sitzt möglichst bequem hinter ihr.

Die sitzende Person massiert mit weicher Hand in Form einer querliegenden Acht – das mathematische Zeichen für „unendlich" – großflächig um die Schultern und das Becken herum. In der Taille liegt auch die „Taille" der Acht. Umrunden Sie Schultern und Becken in weiten Kreisen. Die Bewegung ist ein stetiger Fluss, unablässig wiederkehrend …

Wenn das Musikstück zu Ende ist, bitten Sie das Kind, sich auf die andere Seite zu drehen, und wiederholen Sie das Streichen.

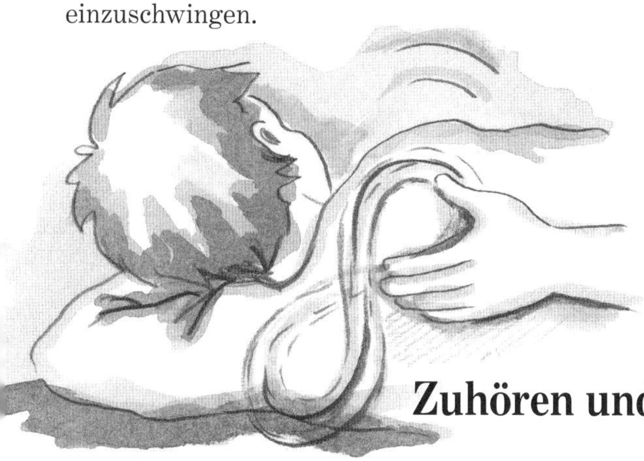

Zuhören und entspannen

Auf jeden Menschen wirkt Musik anders. Beobachten Sie, welche der Musikstücke Sie und/oder die Kinder angenehm heiter und entspannt stimmen. Vielleicht die Gesänge der Buckelwale aus den Tiefen der Weltmeere, begleitet von Instrumenten und Menschengebrummel in der „Whale Sinfonie": weich umhüllt davonschwimmen, um erfrischt wiederaufzutauchen.

Anregung: Vibrationen/Whale Sinfonie ◉ Nr. 12

Entspannung wird noch intensiver zu zweit. Eine Person liegt bequem auf dem Rücken, vielleicht mit einem Kissen unter den Knien. Die andere sitzt daneben und legt eine Hand unterhalb des Nabels und die andere Hand auf das Brustbein des Kindes (oder auch Erwachsenen). Mit rhythmischen Druckimpulsen wird der Körper in eine zarte Vibration versetzt. Erproben Sie verschiedene Geschwindigkeiten und unterschiedlich starken Druck.

Eine Übung, die Sie aus verständlichen Gründen nicht direkt nach einer Mahlzeit praktizieren sollten.

Anhang

Literatur

Berendt, Joachim-Ernst: Geschichten wie Edelsteine, Battweiler 2007

Berendt, Joachim-Ernst: Ich höre – also bin ich, Freiburg i. Brsg. 1989

Berendt, Joachim-Ernst: Nada Brama, Frankfurt/Main 1983

Bruhn, Herbert/Kopiez, Reinhard/Lehmann, Andreas C.: Musikpsychologie. Das neue Handbuch, Reinbek 2008

Decker-Voigt, Hans-Helmut: Mit Musik ins Leben. Kreuzlingen 1999

Dolto, Françoise: Alles ist Sprache, Weinheim, Berlin 1989

Ende, Michael: Momo, Stuttgart 1973

Friebel, Volker: Wie Stille zum Erlebnis wird, Freiburg i. Brsg. 1995

Gembris, Heiner: Grundlagen musikalischer Begabung und Entwicklung, Augsburg 1998

Gulden, Elke/Scheer, Bettina: Singzwerge und Krabbelmäuse, Münster (Ökotopia) 2004

Hegi, Fritz: Improvisation und Musiktherapie, Paderborn 1986

Heyge Lutz , Lorna/Müller, Evemarie: Musikgarten für Babys Lehrerhandbuch, Mainz 2003

Hirler, Sabine: Sprachförderung durch Rhythmik und Musik, Freiburg i. Brsg. 2009

Hirler, Sabine: Rhythmik – Spielen und Lernen im Kindergarten, Berlin 2009

Hirler, Sabine: Mit Rhythmik durch die Jahreszeiten, Freiburg i. Brsg. 2008

Hirler, Sabine: Neue Singspiele und Musikprojekte, Freiburg i. Brsg. 2007

Hirler, Sabine: Musik und Spiel für Kleinkinder, Buch und CD, Berlin 2006

Hirler, Sabine: Wahrnehmungsförderung durch Rhythmik und Musik, Freiburg i. Brsg. 1999/2003

Hirler, Sabine: Kinder brauchen Musik, Spiel und Tanz. Buch und CD, Münster (Ökotopia) 20096

Klein, Margarita: Schmetterling und Katzenpfoten: Massagen für Babys und Kinder, Münster (Ökotopia) 20106

Klein, Margarita/Schön, Bernhard/Stüwe, Marion: Das BabyBuch. Mit CD, Weinheim 2009

Klein, Margarita/Weber, Maria: Das macht Sie fit nach der Geburt, Weinheim 2010

Kreusch-Jacob, Dorothee: Das Musikbuch für Kinder, Mainz 2001

Kuhn, Robert/Kreutz, Bernd (Hrsg.): Das Buch vom Hören, Freiburg i. Brsg. 1991

Lasker-Schüler, Else: Gedichte, Frankfurt/Main 1996

Leupold, Regina: Zentrale Hör- und Wahrnehmungsstörungen, Dortmund 1996

Maur, Karin v. (Hrsg.): Vom Klang der Bilder, Stuttgart 1985

Papoušek, Mechthild: Vom ersten Schrei zum ersten Wort, Bern 1994

Pikler, Emmi/Tardos, Anna: Miteinander vertraut werden, Freiamt 1992

Pousset, Raimund: Fingerspiele und andere Kinkerlitzchen, Reinbek 1983, (NA) 1998

Sharamon, Sheila/Baginski, Bodo J.: Chakra Meditation, Aitrang 1990
Soesman, Albert: Die zwölf Sinne, Stuttgart 1995
Stadler Elmer, Stefanie: Spiel und Nachahmung – Über die Entwicklung elementarer musikalischer Fähigkeiten, Basel 2000
Stadler Elmer, Stefanie: Kinder singen Lieder, Münster 2002
Tomatis, Alfred: Der Klang des Lebens, Reinbek 1987
Tomatis, Alfred: Klangwelt Mutterleib, München 1994

Instrumente

Wer gute Instrumente sucht und gerne schöne Kataloge blättert, dem empfehlen wir „Kieffer's Musik Katalog – Eine Weltreise durch die Musik". Zu bestellen bei
Kieffer's Musik,
G 6, 1,
68159 Mannheim
Tel. (06 21) 1 22 23 10,
Fax (06 21) 2 23 22
www.shop.kieffers.de

Musikinstrumente und Materialien für die musikalische Früherziehung sind auch zu beziehen über
Musicus,
Ditzenbrunner Str. 133,
71254 Ditzingen
Tel. 0 71 56) 96 67 95,
Fax 0 71 56) 96 67 46
www.musicus-ditzingen.de

sowie spezielle Instrumente bei
SENplates,
Gottlieber Str. 23,
78462 Konstanz
Tel. (0 75 31) 1 64 90,
Fax (0 75 31) 28 28 91
www.senplates.de

AutorInnen und MusikerInnen

Sabine Hirler,
Rhythmik- und Gitarrenstudium an der Musikhochschule Stuttgart. Leitung eines pädagogisch-therapeutischen Musikinstitutes. Diverse Zusatzqualifikationen, heilkundliche Psychotherapeutin. Fachautorin und Autorin von Kinderbüchern und Kindertonträgern. Konzeption und Leitung der Zertifikatsweiterbildung „Heilpädagogische Rhythmik" (EAH, Lebenshilfe) und Entwicklung von „Rhythmiktherapie®". Aus- und Weiterbildungstätigkeit bei PädagogInnen und TherapeutInnen im In- und Ausland.

Informationen und Kontakt:
Sabine Hirler, Bahnhofstr. 3, 65589 Hadamar
Tel./Fax (06433) 815440
www.sabinehirler.de

Margarita Klein,
Dipl. Päd., Hebamme und Familientherapeutin, zwei Kinder. Mitbegründerin des Geburtshauses Hamburg. Seit über 25 Jahren Unterricht und Fortbildungen für junge Eltern, Hebammen und pädagogische Berufe zu den Themen Babymassage, Rückbildung/Neufindung, Beckenboden, Entwicklungsbegleitung. Seit 1997 auch im eigenen Fortbildungsinstitut „Kreisel" in Hamburg. Bisher elf Bücher, darunter „Schmetterling und Katzenpfoten. Sanfte Massagen für Babys und Kinder" bei Ökotopia; neueste Veröffentlichung „Das BabyBuch" (mit Schön und Stüwe), 2009 im Beltz Verlag.

Informationen zu Weiterbildungen, Workshops und Vorträgen:
Kreisel e.V. Ehrenbergstr. 25, 22767 Hamburg
Tel. & Fax: (040) 385583
www.KreiselHH.de

Hartmut Höfele,
(Idee & Produktion & Simsalabim) Musikproduzent, Liedermacher und Kinderbuchautor, drei Kinder. War AWO-Jugendgruppenleiter, Folk-Rocker, tourte viele Jahre mit dem von ihm gegründeten Kindermusiktheater Firlefanz durch Deutschland und moderierte drei Jahre bei „Dinos Kinderradio" (Hessischer Rundfunk). Von seinen Musik- und Hörspielproduktionen bei Sony Musik, Ikea-Family, Deutsche Grammophon, Bellaphon, Aktive Musik, Trikont , Pläne-Patmos und Ökotopia. wurden schon über 1,4 Mio. Tonträger verkauft. Bei Ökotopia erschien zuletzt „Eiche, Farn und Specht".

Anfragen für Auftritte:
Kindermusiktheater Firlefanz
Am Feldrain 19, 69469 Ritschweier
Tel. (06201) 54008
www.firlefanz-kinderlieder.de

Peter Baumgartner (Samplesounds & Midicomputing) arbeitet mit Hartmut Höflee seit über 20 Jahren zusammen. In ihren „wilden Jahren" spielten sie bei der Folklore-Formation „Zugvogel" Livemusik. Inzwischen produziert Baumgartner u. a. Jazz-Dancefloor-Musik.

Dorle Ferber (Geige, Gesang, Klangschalen & Inspiration) strich bei den Folkgruppen „Cochise“, „Zeitenwende“, „Zauberfinger“ und „Elster Silberflug“ einen feinen Bogen, ist offen für musikalische und theatralische Herausforderungen. Zur Zeit entsteht die CD „Feen-Schreie“.

Biber Gullatz (Blasinstrumente, Kompositionen & Arrangements & Co-Producer) hat mit seinem Faible für „Sanfte Klänge“ die meisten Stücke auf der CD komponiert und drückt mit Oboe, Schalimo und weiteren Blasinstrumenten der Musik seinen Stempel auf. Produzierte die CD mit Hartmut Höfele in seinem Tonstudio.

Eckes Malz (Piano, Midisounds & Didit-Didgeridoo) produziert gemeinsam mit Biber Gullatz erfolgreiche Filmmusiken. Als Mitinhaber der „First Take Studios““ produziert Malz unterschiedlichste Musikstile.

Mani Neumaier (Zimbeln, Buckelgong & Mouthbox) ist ein Urgestein der deutschen Rockszene. Mit „Guru Guru“ und seiner Elektrolurch-Show brachte er bei unzähligen Live-Auftritten das Publikum in Ekstase. Seine aktuellen CDs verkaufen sich sogar in Japan gut.

Hans Reffert (Gitarren & Slidework) ist ein versierter Gitarrist mit einem großen Arsenal an ausgefallenen Instrumenten. Sein virtuoses Spiel kommt aus dem Bauch, und kein Lick klingt wie der andere. Das Stück „Hänselei“ ist seinem kleinen Sohn gewidmet.

Die Illustratorin

Simone Pahl, Jahrgang 1968, zeichnete schon immer leidenschaftlich gerne. Sie studierte zunächst Architektur in Berlin. Bereits während ihrer Tätigkeit als Architektin wurden zahlreiche Illustrationen von ihr veröffentlicht. 2004 beschloss sie, ihre Leidenschaft zum Beruf zu machen. Seitdem sorgt sie als freie Illustratorin für eine anspruchsvolle Bebilderung von Unterrichtsmaterialien, Lernspielen, Kinder- und Jugendbüchern verschiedener Verlage. Ihr Ziel ist es, durch einen einfühlsamen und lebendigen Zeichenstil die Inhalte von Texten eindrucksvoll zu vermitteln. Sie ist Mitglied der „Illustratoren Organisation e.V.“.

Weitere Informationen unter:
www.simonepahl.de

Sanfte Klänge für Babys und Kleinkinder

Die CD

Hartmut Höfele charakterisiert die Stücke, die auf der CD zu hören sind.

1. Wenn der Sandmann kommt (Höfele/Gullatz)
Zu Beginn hören wir einen beruhigten Herzschlagrhythmus. Diese Rhythmik wird von „Cellozupfern" übernommen. Die Flöte spielt eingängige und bekannte Kindermelodien zum Mitschwingen und Mitsummen. Dazwischen einige „Harfenaufläufe. Die Musik kommt aus dem „Wassergurgel".

2. Oskars Bambula (Höfele/Gullatz)
Diese Komposition ist meinem Sohn Oskar gewidmet. Als er noch ein Baby war, summte ich ihm dieses Lied oft vor. Die Melodie stammt von dem Volkslied „Eia popeia". Auf der CD trällert Dorle Ferber einen freestyle-Text dazu.

3. Likadelle (Gullatz)
Die Zikaden im Hintergrund verbreiten eine warme, monotone Grundstimmung. Dorle Ferbers Gesang regt zum Nachahmen an. Ein ruhiges Stück mit sanftem, wohligem „Streicherbacking".

4. Le petit reveille (Ferber)
Mit Klappern fertigte Dorle Ferber das „Backing" gekonnt an. Die Komposition will eher ermuntern und beleben: Aufwachen! Staunend in die Welt gucken und horchen. Klapper di klapper di klapp …

5. Einhorn-Vögel (Gullatz)
Im Hintergrud hört man einen Luftschlauch-Sound, der von mir mit kreisenden Bewegungen zur Musik erzeugt wurde. Dadurch entstand eine wundersame Frequenz. Die Komposition erinnert an „Tubular Bells" von Mike Oldfield. Die Shalimo, eine Flötenart, wird von Biber Gullatz selbst gespielt. Die dynamischen „Streichereinwürfe" beleben das Stück. Vogelgezwitscher und Piano untermalen die heitere Grundstimmung.

6. Eine sehr alte Melodie (Gullatz)
Die Melodie stammt aus Bibers „Mittelalterkiste", eine Erinnerung an seine Zusammenarbeit mit „Elster Silberflug". Das Stück animiert dazu, eine Bilderreise im Kopf vorzunehmen. Die Welt ist schon so alt und sie wird weiter bestehen. Dorles Gesang klingt wie ein zuversichtliches Summen, ein Spieluhren-Liedchen und eine Oboenmelodie laden ein zum Mitsummen.

7. Hänselei (Reffert)

Hans Reffert hat dieses Stück komponiert und mit Gitarren umgesetzt. Er ist ein Meister auf der Gitarre, ein beruhigendes Cello unterstützt ihn, dazwischen ist ein „Regenmacher" zu hören. Sanfter Wind im Hintergrund verweht die Töne.

8. Der Wasserlurch (Neumaier)

Der Trommler Mani Neumaier hat diesen Titel mit einigen Klangschalen und Gongs eingespielt. Die Sounds wurden mit einem Luftschlauch verfremdet, Hans Reffert spielt seinen typischen Stil auf einem Saiteninstrument und ich brummele dazu einfach drauflos. Hausmusik für Babys und Eltern, ein Stück musikalischer Friede. Mani blubbert dazwischen mit Strohhalm und Wasserglas, und die Big-Bass-Drum gibt dem Ganzen einen dicken Bauch …

9. Dideri sax (Malz)

Eckes Malz ist ein erfahrener Filmmusiker und Live-Keyborder. In diesem Musikstück ist das Didgeridoo mit seinen flirrenden Lauten bestimmend. Dorle gurrt dazu wie ein Täubchen. Wenn ich dem Stück eine Farbe zuordnen sollte: Es ist blau-violett, glitzernd und anregend.

10. Schaukeln und Wiegen (Ferber)

Wenn sie bei ihrem Chor ist, nimmt Dorle dieses Stück gern als Atemübung. Ihr besänftigendes Jaulen könnte auch am Krötenteich in Muckelbach aufgenommen worden sein. Mit dem Einsatz der „Uahh-Phrase" bekommt das Stück Stärke und Kraft, es verbreitet Trost.

11. Wasserspiel (Baumgartner)

Pit Baumgartner, der Soundtüftler und Klangcollagist, sammelte unterschiedliche Wassersounds und mischte sie mit „Geigenaufläufen". Einfach, gut und fein.

12. Whale Sinfonie (Gullatz)

Zum Schluss das Lied der sieben Meere, mit Schwirrholz und meinem Gebrummel, mit Bibers Shalimo und dem Gesang der Buckelwale.

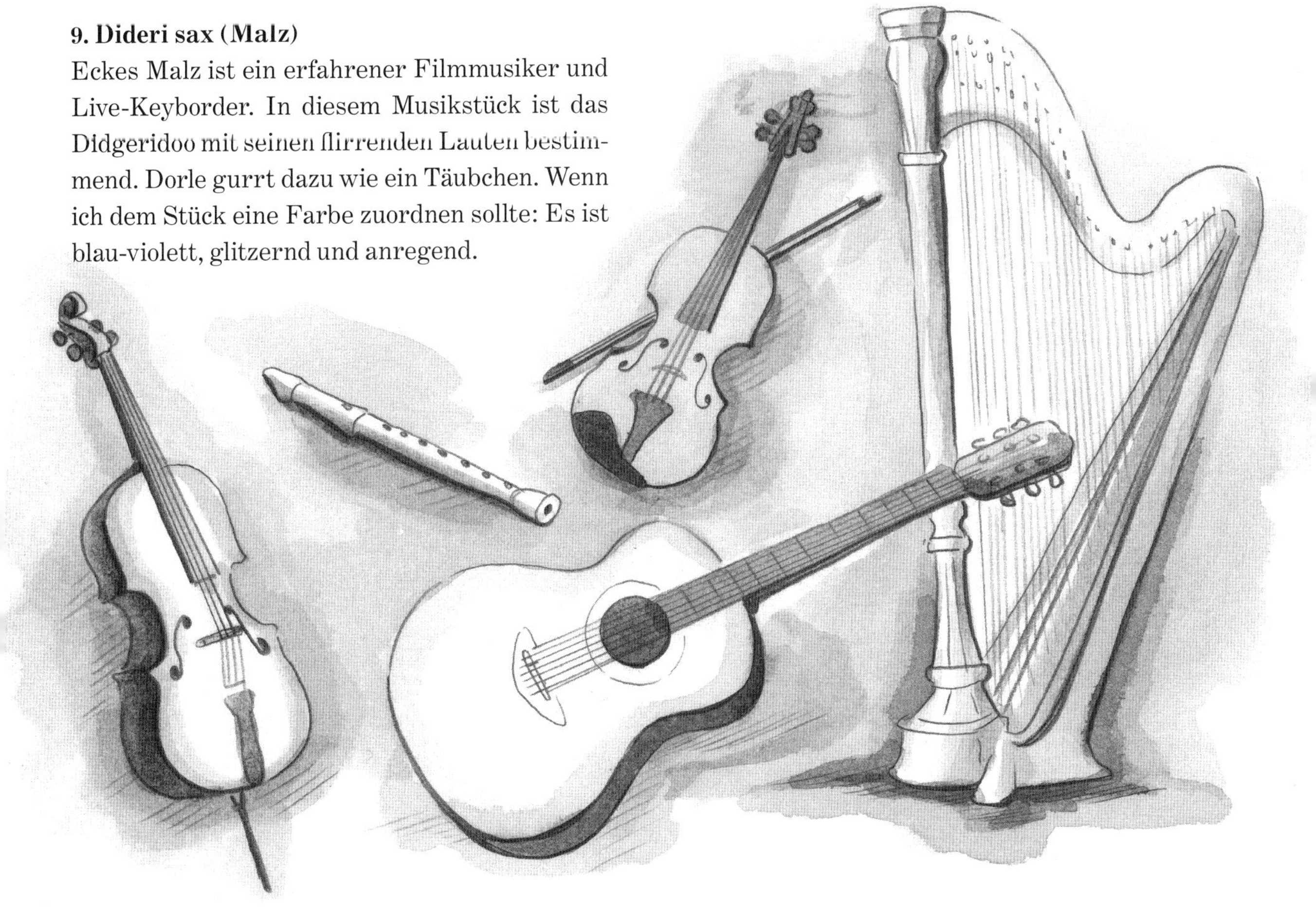

Sanfte Klänge für Babys und Kleinkinder

Mitwirkende:
- Peter Baumgartner
- Dorle Ferber
- Biber Gullatz
- Hartmut E. Höfele
- Eckes Malz
- Mani Neumeier
- Hans Reffert

1.	Wenn der Sandmann kommt H. E. Höfele / B. Gullatz	4:47 min
2.	Oscars Bambula H. E. Höfele / B. Gullatz	4:34 min
3.	Likadelle Biber Gullatz	4: 08 min
4.	Le petit reveille Dorle Ferber	1:27 min
5.	Einhorn-Vögel Biber Gullatz	7:18 min
6.	Eine sehr sehr alte Melodie Biber Gullatz	5:08 min
7.	Hänselei Hans Reffert	3:02 min
8.	Der Wasserlurch Mani Neumaier	4:35 min
9.	Dideri Sax Eckes Malz	3:43 min
10.	Schaukeln und Wiegen Dorle Ferber	3:29 min
11.	Wasserspiel Fit Baumgartner	5:24 min
12.	Whale Sinfonie Biber Gullatz	8:04 min

Aufgenommen und abgemixt: First Take Studios/Weinheim
Alle Titel sind im First Take Musikverlag veröffentlicht
Vertrieb: Ökotopia Münster – Germany

Produziert von: Hartmut E. Höfele
Biber Gullatz